福建省"十三五"

名校长丛书

"学生第一"求是之路

陈燎原 著

厦门大学出版社

XIAMEN UNIVERSITY PRESS

国家一级出版社
全国百佳图书出版单位

图书在版编目（CIP）数据

"学生第一"求是之路 / 陈燎原著. -- 厦门 ：厦
门大学出版社，2022.10
（福建省"十三五"名校长丛书 / 郭春芳主编）
ISBN 978-7-5615-8810-9

Ⅰ．①学… Ⅱ．①陈… Ⅲ．①中小学教育－教育研究
Ⅳ．①G632.0

中国版本图书馆CIP数据核字(2022)第189544号

出 版 人　郑文礼
责任编辑　郑　丹

出版发行　厦门大学出版社
社　　址　厦门市软件园二期望海路 39 号
邮政编码　361008
总　　机　0592-2181111　0592-2181406(传真)
营销中心　0592-2184458　0592-2181365
网　　址　http://www.xmupress.com
邮　　箱　xmup@xmupress.com
印　　刷　厦门集大印刷有限公司

开本　720 mm×1 020 mm　1/16
印张　12.75
插页　2
字数　225 千字
版次　2022 年 10 月第 1 版
印次　2022 年 10 月第 1 次印刷
定价　58.00 元

本书如有印装质量问题请直接寄承印厂调换

厦门大学出版社
微信二维码

厦门大学出版社
微博二维码

◎ 总　序

　　"百年大计，教育为本；教育大计，教师为本。"教师队伍建设是教育质量提升的关键。2018年，中共中央、国务院印发《关于全面深化新时代教师队伍建设改革的意见》，吹响了新时代教师队伍建设改革的集结号，提出教师队伍建设改革的目标是"到2035年，教师综合素质、专业化水平和创新能力大幅提升，培养造就数以百万计的骨干教师、数以十万计的卓越教师、数以万计的教育家型教师"。福建省委、省政府牢记习近平总书记"福建没有理由不把教育办好"的殷切嘱托，以高度责任感、使命感，坚持教育优先发展，始终将建设一支师德高尚、业务精湛、结构合理、充满活力的高素质专业化教师队伍作为基础工作，出台了一系列政策措施，激发广大教师投身教育综合改革的积极性、主动性、创造性。福建省教育厅为打造基础教育高层次领军人才队伍，实施"强师工程"核心项目——中小学名师名校长培养工程，旨在培养一批在省内外享有盛誉的名师名校长，促进我省教育高质量发展。

　　"十三五"期间，福建教育事业紧紧围绕"新时代新福建"发展战略，坚定不移走以提升质量为核心的内涵发展之路，着力推动规模、质量和效益的协调发展，努力让教育改革发展成果更多地惠及民生，让人民群众有更多的获得感。2017年，省教育厅会同财政厅启动实施了"十三五"中小学名师名校长培养工程，在全省遴选培养100名名校（园）长、培训1000名名校（园）长后备人选、100名教学名师和1000名学科教学带头人。通过全方位、多元化的综合培养，造就一批师德境界高远、政治立场坚定、理论素养深厚、教学能力突出（治校能力突出）、教学风格鲜明（办学业绩卓越）、教育视野宽阔、富有开拓创新精神、在省内外有较大影响力的名师名校长,为培育闽派教育家型校长和闽派名师奠定基础,带动和引领全省中小学教师队伍建设,为推进我省基础教育优质均衡发展、办好人民满意教育,为"再上新台阶、建设新福建"提供有力的人才保障。

为扎实推进福建省"十三五"中小学名师名校长培养工程,保障实现预期培养目标,福建教育学院作为本次名师名校长培养工程的主要承担单位,自接到任务起,就精心研制培养方案,系统建构培训课程,择优组建导师团队,不断创新培养方式,努力做好服务管理,积极探索符合名师名校长成长规律的培养路径,确保名师名校长培养培训任务高质量完成,助力全省名师名校长健康成长,努力将培养工程打造成全省乃至全国基础教育高端人才培养示范性项目。

在培养过程中,我们从国家战略需求、学校发展需求和教师岗位需求出发,积极探索实践以"五个突出"为培养导向,以"四双""五化"为培养模式的基础教育高端人才培养路径。其中"五个突出":一是突出培养总目标。准确把握目标定位,所有培养工作紧紧围绕打造教育家型名师名校长而努力。二是突出培养主题任务。2017年重点搞好"基础性研修",2018年重点突出"实践性研修",2019年重点突出"个性化研修",2020年重点抓好"辐射性研修"。三是突出凝练教学主张(办学思想)。引导培养对象对自身教学实践经验(办学治校实践)进行总结、提炼、升华,用先进科学理论加以审视、反思、解析,逐步凝练形成富含思想和实践价值、具有鲜明个性的教学主张(办学思想)。四是突出培养人选的影响力与显示度。组织参加高端学术活动,参与送培送教、定点帮扶服务活动,扩大名师名校长影响。五是突出研究成果生成。坚持研训一体,力促培养人选出好成果,出高水平的成果。

"四双":一是双基地培养。以福建教育学院为主基地,联合省外高校、知名教师研修机构开展联合培养、高端研修、观摩学习。二是双导师指导。按照理论联系实际原则,为每位培养人选配备学术和实践双导师。三是双渠道交流。参加省内外及境外高端学术交流活动,积极承办高水平的教学研讨活动,了解教育前沿情况,追踪改革发展趋势。四是双岗位示范。培养人选立足本校教学岗位,同时到培训实践基地见学实践、参加送培(教)活动。

"五化"：一是体系化培养。形成"需求分析—目标确定—方案设计—组织实施—效果评估"的培养链路，提高培养专业化、精细化、科学化水平。二是高端化培养。重视搭建高端研修平台，采取组织培养人选到全国名校跟岗学习、参加国内高层次学术会议和高峰论坛、承担省级师训干训教学任务等形式，引领推动名师名校长快速成长。三是主题化培养。每次集中研修，都做到主题鲜明、内容聚焦，坚持问题导向和结果导向，努力提升培养的针对性和实效性。四是课题化培养。组织培养对象人人开展高级别课题研究，以提升理性思维、学术素养和科研水平，实现从知识传授型向研究型、从经验型向专家型的转变。五是个性化培养。坚持把凝练教学主张（办学思想）作为个性化培养的核心抓手，引导培养人选提炼形成系统的、深刻的、清晰的教育教学"个人理论"。

　　通过三年来的艰苦努力，名师名校长培养工作取得了显著成效，积累了丰硕成果，达到了预期目标。名校长培养人选队伍立志有为、立德高远的教育胸襟进一步树立，办学理念、政策水平和管理能力进一步提升，立功存范、立论树典的实践引领能力进一步提高，努力实现名在信念坚定、名在思想引领、名在实践创新、名在社会担当。名师培养人选坚持德育为先、育人第一的教育思想进一步树立，教书育人责任感、使命感和团队精神进一步强化，教育理论素养进一步提升，先进教育理念进一步彰显，教育教学实践和创新能力进一步增强，独特教学风格和教学主张逐步形成，教育科研和教学实践均取得了丰硕成果。一是专项研究深。围绕教学主张或教学模式出版了 38 部专著。二是成果级别高。84 位名校长人选主持课题 130 项，其中国家级 6 项；发表 CN 论文 239 篇，其中核心 16 篇；53 位名师培养人选主持省厅级及以上课题 108 项，其中国家级 7 项；发表 CN 论文 261 篇，其中核心 81 篇。三是奖项层次高。3 位获 2018 年教育部基础教育国家级教学成果奖二等奖；15 人获得 2017 年、2018 年福建省基础教育教学成果奖，其中特等奖 3 位、一等奖 7 位、二等奖 5 位；1 位评上国家级"万人计划"教学名师；34 位培养人选评上正高级职称教师；13 位获"特级教师"称号；2 位获"福建省优秀教师"称号。四是辐射引领广。开设市级及以上公开课、示范课 203 节；开设市级及以上专题讲座 696 场；参加长汀帮扶等"送培下乡"活动 239 场次；指导培养青年骨干教师 442 人。

　　教育是心灵的沟通，灵魂的交融，思想的碰撞，人格的对话，名师名校长应该成为教育的思想者。在我省名师名校长培养对象即将完成培养期时，福建教育学院培养基地组织他们把自己的教学（办学）思想以著作的形式呈现给大家，并资助出版了"福建省'十三五'名校长丛书""福建省'十三五'名师丛书"，目的就是要引领我省中小学教师进一步探究教育教学本质，引领我省中小学校长进一步探究办学治校的规律，使名师名校长培养对象成为新时代引领我省教师奋进的航标，成为办人民满意教育的先行者。结束，是下一阶段旅程的开始，希望我省名师名校长培养对象不忘立德树人初心，牢记为党育人、为国育才使命，积极投身新时代新福建建设，为福建教育高质量发展再建新功。是为序。

福建教育学院党委书记、教授、博士

郭春芳

2020 年 8 月

◎ 前　言

新时代名校长内涵

内涵是反映事物本质属性的总和。"新时代"与"名校长"两个内涵叠加,"校长"概念核心的核能如何释放,才是根本性的大问题。

因此,作为教育实施机构主要负责人的一校之长,不仅要深谙教育规律、教育价值和教育方针,还要有人才战略前瞻性思维。一校之长冠之以"新时代",既是个人的理想追求,又是新时代发展的必然要求,更承载党和国家对人才培养的迫切需求。而"名"与否,自己说了不算。因此,作为新时代的校长,担负着使命,要把培养德智体美劳全面发展的社会主义建设者和接班人作为根本任务,做一位教育实践的探索创新者。

但名校长之"名"也是时代重托,它既要求校长有教育科学理论的专家级水平,还要求校长以人格魅力,使一所学校具有个性、风格和特色。

这就是"新时代"和"名"的辩证法,这就是我对"新时代名校长"内涵的理解。

成长路径

每个人性格、学识、境遇不同,加之校情各异,新时代中小学校长的成长路径必然各有不同。在此和大家分享我的成长路径,仅供参考。

第一,历任几所学校校长的经历:从扶弱、扶困、扶危到扎根石鼓山,创建哲学治校理念。

1994 年,我调动到一所校舍简陋、教学薄弱的农村初中校——金山中学任校长。学校招生片区的两个村落因族姓矛盾导致封建械斗时发。学生何幸,世仇何解? 我组织老师们白天护送学生上下学,夜晚进村入户扫盲,以教育文化化解两村矛盾。从 1994 年至 2000 年,六年努力,曾经"典型薄弱"的晋江市金山中学以"典型提升"之姿脱颖而出,成为全省首批初中示范校,而两村关系日渐和谐。扶一校之积弱,淳化两村之民风,这一路应对落后的社会环境带来的教育挑战,使我对教育的教化功能有了真切而深刻的体会。

2000 年秋季,我又调回母校侨声中学任职。这所三级达标的老校,此时校舍老旧、教学设施滞后,无法适应办学和发展要求,校园亟须改造扩建。按改造提升设计需投入 8000 万元,扩土地要迁移三万多座坟墓。走家访户,集资募款,硬件软件一起上,经过七年努力,老校换新颜,跃升为省一级达标中学。扶一校之困,聚八方之人心,这一路应对老旧办学环境带来的教育挑战,使我对教育服务人民的宗旨有了更深刻的理解。

我随即又调往晋江一中任校长。此时的晋江一中正处于发展的低谷。面对消费主义至上浪潮、知识碎片化围城,晋江一中以"学生第一"为理念,进行哲学治校;以时间管理和问题教学为基点,探索学科哲学研究实践,数年后取得佳绩。学科哲学建设、素养梯度目标、文化故事、师生激励评价等成为办学特色。扶一校之危困,强一城之教育,这一路应对时代变革带来的教育挑战,使我对立德树人的信仰更加坚定。

从教育的教化功能,到为人民服务的宗旨,再到立德树人的信仰,在教育实践中,我不断深化对教育意义的认识;而这种不断深化的认识,也不断地引导我的教育实践:理论的创新与实践的先行相互交融,构成一条双色链的成长路径。

第二,以学科哲学占领教育高地:多难兴邦、多难兴教,以教育哲学走出教育困境。

党的十九大报告指出,当前国内外形势正在发生深刻复杂变化,我国发展仍处于重要战略机遇期,前景十分光明,挑战也十分严峻。应该看到教育还不能完全适应新时代的变革,还不能十分高效地培养出担当民族复兴大任的时代新人,还不能令群众完全满意。

多难兴邦、多难兴教;实干兴邦、实干兴教。这种实干,就是我和我的同事们,以教育哲学挑战困境,建一所有哲学追求的学校的探索与实践。

一是凝铸核心力量。

2008 年,基于新的社会形势和教育大局,晋江一中确立以"学生第一"为核心理念,重建学校文化,培育学校改革发展的核心内生力量。在"哲学治校"的语境中,"学生第一"成为学校的思想引擎,带动一系列核心话语、核心制度、核心方法、核心工具不断创生。它们构成了核心的教育生产力,共同指向学校的育人目标:培养负责任、有作为的现代公民。

二是统筹生本课程。

晋江一中着力结合本地实际,以学科本质观、现代教育观为导向,基于学科核心素养、学生发展核心素养、学校特色进行横向拓展,统筹生本课程。生本课程分以下三种类型:一是校本课程,包括哲学启蒙、静修、文化故事等必修课程和学科拓展、社团活动、大学先修等选修课程;二是社会课程,包括实践探究必修课程和志愿服务、游学研学等选修课程;三是生涯规划课程,包括生涯规划必修课程和职业体验选修课程。

三是建立话语系统。

1.学生发展话语系统:"三会三自""三会三高"。

"三会三自",即会做人、善自主;会学习、讲自觉;会生活、懂自理。"三会三高",即会做人、高素质,会学习、高质量,会生活、高品位。从初中阶段的"三会三自"到高中阶段的"三会三高",既体现了不同学段的不同要求,又符合人的发展的层次性和渐进性,也符合教育在促进人的发展上的针对性和整体性。

2.教师教学话语系统:"三问三解""三进三出"。

"三问三解"指向教学全过程,是在教学各个环节,都强调落实"是什么""为什么""怎么样"的讨论和追问,使学生"知其然"且"知其所以然",进而"知其意义与价值"。"三进三出"指向教学评价,确立"低进中出,中进高出,高进优出"的发展目标来开发评价工具,重视过程性、发展性数据的采集和分析,既服务于教学质量分析,又服务于教学问题诊断,更服务于学生发展。

3.学校建设话语系统:"五校五园"。

"五校"即理念治校、质量立校、科研兴校、名师引校、特色强校,"五园"即平安校园、绿色校园、文明校园、文化校园、和谐校园。"五校"是学校管理的观念、方法、途径,"五园"是学校管理的方向、目标、诉求。

四是实践"学科哲学"。

"学科哲学",主要是指"学科中的哲学",即各种学科文本、各种科学文化知识当中的哲学思想、原理、规律、观点、方法。实践"学科哲学",目的在于通过教与学的双边活动,师生共同探索学科文化基因、历史发展和核心特征,追问各学科的本质,促进学生提升学科思维品质和学习品质。

五是创造共同记忆。

我们意欲"做百年名校的奠基者"。名校应该是文明园地和精神高地，应该成为永远的母校——每一个曾经或正在这里生活的人都由此得到真善美的滋养，都视之为精神故乡，应该拥有亲切、生动、丰富并长久影响人的共同记忆。因此，创造这样的共同记忆，便成为我们在"哲学治校"上的重要抓手之一。

通过开办"石鼓讲坛"、创办《石鼓简报》、命名"石鼓十景"等方式建设石鼓文化；开展讲述文化故事活动，促进自我认识，促进文化认同；设立"家庭书屋"，开展深度阅读，促进学生形成阅读的习惯；倡导亲子共读，促进家长和孩子共同成长。

本书记载的是我作为校长的一段成长之路，给大家提供一个参考的个案。当然我距离"新时代名校长"还很远。党和国家的民族复兴事业已为我的人生道路提供了一个明确的目标，并一路有加油站——福建省"十三五"中小学名校长培养工程中学名校长班的学习，不断地促使我更新观念，反省实践，勇敢探索。

成长永远在路上，因为我怀揣着一个梦想：有了千千万万的新时代名校长，一个人口大国将跃升为人才大国，一个伟大的民族更当雄立于世界的东方！

陈燦原

2021 年 2 月

目　录
CONTENTS

第一章

学生第一的教育观念

第一节　引擎:理念嬗变与建构

一、第一内涵——理念嬗变历程

"学生第一"是晋江一中独具特色的办学理念,其基本内涵为:以学生为首位,以素质育优秀,以卓越为追求。

"学生第一"是我从长期的教育实践与教育思考中总结、提炼出来的办学理念。

1994 年,我出任晋江市金山中学校长。作为一所农村初中校,彼时金山中学校舍简陋,师资薄弱,流生严重,更棘手的是族姓矛盾导致封建械斗时发,家长害怕孩子上学路上遭遇暴力事件,学生纷纷躲避,无法安心就学。为此,我深入村庄听取各方意见,与村镇干部共商对策。根据校情社情,提出了"三进"的办学理念:学校和谐共进,社区和谐共进,学校和社区和谐共进。三个"和谐共进"改善了学校综治环境,保障了学生安全。六年后,金山中学被评为省普通初中示范校。

2000 年,我调任侨声中学。此时的侨声校舍破旧,教室设备残缺,教师的教学积极性、学生的学习积极性都很低。面对这样的情况,我大力发掘学校可调动的教育资源。侨声中学位于晋江市东石镇区北端,周围有南天古刹、古檗山庄、龙江吟社等历史文化古迹,学校本身又坐落于被称为"乞丐营将军地"的郑成功水师营地的古榕村。历史、文化、地域的汇聚,令我产生了将"仁和成功"作为学校办学理念的想法,结果这一理念激发了师生主动性与学生的潜能,侨声中学在七年内完成了从三级达标校到一级达标校的跨越发展。

从金山中学到侨声中学的任职经验,让我深切地感受到,每一所学校都有其独特的优势,这种独特的优势来源于每所学校不同的历史人文传统、区域地理环境、社会支持力量等。因此,作为教育管理者,我们必须从多个角度、全方位地挖掘每一所学校的独特优势,充分利用好学校的历史、文化、环境、社会、教师等资源,从中梳理并凝练出学校的核心教育资源,进而提炼出核心教育理念。

在我看来,核心教育理念是一所学校的灵魂,是学校发展的旗帜、标杆、方向。有了核心教育理念的指引,我们才可能更有方向地调动学校内外教育资源,激发校内外教育活力,组织全体教职工学生乃至家长、社会贤达一起围绕共同的目标奋斗,为实现共同的愿景努力。可以说,核心教育理念是学校发展的重要战略。金山中学的"三进"办学理念协调学校和社区和谐共进,旨在改善农村校落后的教育环境,进而让学生能安心就学,这是该校当时的重要办学基础,目标清晰地指向学生发展,为学生发展而办学的理念萌芽已经蕴含其中。在侨声中学诞生的"仁和成功",鼓励学生"成功",做更好的自己,此时"学生第一"理念已开始酝酿。正是有了前面两次的办学经验与思考,才有晋江一中"学生第一"办学理念的产生。

2007年8月,我初到晋江一中任职。此时的一中办学情况并不乐观,校内的学生、教师对自己的学校没有信心;校外的市民、舆论对一中更是持悲观态度。大家似乎都一致认为:晋江一中已经由20世纪享誉一方的"高考红旗"沦为第二、第三等水平的中学了。

为了改变这一现状,我上任之后马上带着新的领导班子,对晋江一中的发展历程进行梳理与总结。第一,我们梳理了一中办学五十多年以来积淀的优良传统;第二,我们梳理了一中办学过程中遇到的主要问题。从这两个方面入手,我们希望能够更加全面地总结、凝练出属于一中的核心教育理念。

2008年春节,晋江一中厦门校友会召开新春团拜会。令我印象最深刻的是,一位校友在台上振臂高呼:"咱们的母校,没有第一,也要第二!"校友的期待使我受到了极大的震撼。轮到我发言的时候,我脑海中还在反复思考着"何为第一,何为第二"的问题,我急中生智,脱口而出:"我们的一中学生第一！咱们的母校晋江市第一中学培养的就是'第一学生，学生第一'！"就这样，"学生第一"的办学理念就偶然而又必然地产生了——这一理念产生的时间地点是偶然的，然而它又是我们校领导团队不断思考、实践的必然结果。

经过反复思考，我们决定以"学生第一"作为治校理念，这不仅契合"敢为天下先""爱拼才会赢"的晋江精神，把博爱、使命和责任担当置于一个办学制高点，力求办出学校特色。我们也将此想法与时任晋江市教育局施正琛副局长进行探讨，他极力赞同，认为这才真正体现了以生为本的教育本质。2008年年底，我们到上海拜访华东师范大学教师培训中心的刘莉莉教授，"学生第一"得到了她的充分肯定。2010年，时任福建省委常委副省长陈桦同志莅校检查指导工作，对学校的办学思考和实践也加以赞许，认为"学生第一"体现了以学生为主体的教育观念。2012年12月18日，"坚持'学生第一'办学理念的实践与研究"获得泉州市教育科学"十一五"规划课题立项研究。

"学生第一"的教育理念能在晋江一中萌发、落地生根，并不是一时突发奇想，而是历经了十几年的沉淀。在担任金山中学、侨声中学校长期间，该理念就已经形成胚胎，后来又有了"让每位教师成名，让每位学生成功，让每处校园成景，让每片社区成风"的教育梦想，所以"学生第一"理念是两者的融合。深究这个教育理念，明晰其经纬度：德育、劳育是"经"，着力塑造人格的脊梁；智育、体育、美育是"纬"，着力使人丰满而成就各种人才。以"经纬"构建管理，可分为德育系统、行为规范系统、教学科研系统、评价系统及学校文化系统。贯串、包容这些系统的，则是作为文化载体的校园故事。

"学生第一"的办学理念提出之后，随着全体教师与学生的思考与实践，其定义和内涵不断完善。最初的"学生第一"理念较为朴素，仅指"我是第一中学学生"，我们希望以此培养学生热爱母校的自豪感。接着，我们又提出了"学生第一"更深层次的内涵：一是"一中以学生为首位"，学校服务于每一位学生的成长，教师在教书育人的过程中与学生共同成长，由此确定了一中学生在学校教育教学中的主体地位；二是"一中学生追求卓越"，作为晋江一中的学生，必须有认识自我、规划自我、管理自我、超越自我的追求，并将这样的追求转化为不断拼搏的意识和行动；三是"一中学生素质优秀"，一中的学生应该是德智体美劳全面发展的现代公民。上述"1＋3"的表述，共同构成了"学生第一"的基本内涵。

在"学生第一"基本内涵的基础上,我们进一步提出"培养负责任、有作为的现代公民"的育人目标。其中,高中教育目标是"三会三高":会做人,思想高素质;会学习,学习高质量;会生活,生活高品位。初中教育目标是"三会三自":会做人,管理自主;会学习,学习自觉;会生活,生活自理。这个在 2008 年元月诞生的理念,在全校师生持续一年多时间的热烈讨论下,经过了无数次的研究、解读、实践和再研究、再解读、再实践,最终形成了具有系统内涵与外延的完整概念。

坚持"学生第一"的办学教育理念,其目的就是让每一位学生都拥有成功的机会,让每一位学生都能够在原有的基础上取得长足的进步。对学生来说,是要形成身为一中人的集体荣誉感和追求卓越的拼搏意识,能够把对学校、社会的感恩转化为落到实处的回馈。对学校来说,"学生第一"办学理念的本质就是人本教育的哲学思想。在管理制度上,规为生所定,情为生所系,利为生所谋;在教育教学上,把"主角"投向学生,把"舞台"交给学生,以培养全面发展的高素质人才作为教育教学目标;在环境建设上,为学生发展提供一流的设施设备,营造浓厚的校园文化气息。

"学生第一"办学理念的贯彻实践,促进了学校管理、教育教学、教师研训等工作的全面提升。几年来晋江一中高考成绩连年攀升:2016 年,成为福建省首批高中课程改革基地校(全省 31 所);以"99+3"的全省并列最高分通过省示范性高中建设学校立项验收;并于 2018 年被确认为福建省首批示范性普通高中建设学校(全省仅 44 所)。全省示范建设高中、课改基地"双入选"仅 26 所,晋江一中成为晋江唯一。

二、学生第一——推开教育另一扇门

教育是育人之母。母性的人文属性,决定了教育无不视学生为人文关怀的宝贝。教育已实现了"一个也不能少"的普及。面对人类智能化时代的挑战,教育培养什么样的人几乎决定了国家、民族的未来。

"学生"是一个集约、全称概念。在母性的人文关怀之中,教育绝不会视之为学习成绩的统计学载体。每一个学生拥有"第一"的生命尊严,每一个生命都拥有自由的选择权利。教育就是在这个大前提下,为学生提供并满足成为真正意义上的人的条件,并使之内化为生命根据。只有这样,教育才能不负使命。

马克思主义人才观认为,人是世界的目的,人类文明的一切进步,就是人实现自己。

因为人的复杂性,教育又成为一门复杂性科学。哲学能够化纷繁复杂为纯粹简约。以哲学审视教育,教育首先是生命观,其次才是人才观。因教育的实践性,教与学、知与行须深度结合,最终才可能归化为人的全面发展。

作为文化生命与人才培养的奠基工程,基础教育决定人的一生的目标、行程和轨迹。基础教育对生命成长而言,既体现为紧迫性、当下性,又体现为预设的期待。因此,对"学生第一"的守望和作为,需要有教育哲学智慧。不拘一格育人才,就是育人辩证法。诸如道德与才能,个性与人格,个体与群体,需要与被需要,外在条件与内化根据,可能性与必然性,目标与期待的成长节律,理性实践与实践理性等等,无不需要以教育哲学去叩问、去探索生命的奥秘,以人文情怀去唤醒、去发现、去感染、去影响。

"学生第一"之说,并不新鲜,概而言之,就是对生命成长的服务。

如果从人的天赋去浏览,你将看到绚丽多彩的风景:情感可以化冰,融出一江春水;思想可以自由驰骋,开出各样的鲜花;意志可以淬炼,百炼成钢;智慧可以无比美丽,结出各种硕果;道德可以超越功利,温暖冰冷麻木;人格可以魅力无穷,景仰高山流水;生命虽然脆弱,但可以重似泰山……

正是这无限的遐想,使我把追求生命的高贵当成一种信仰,而使"学生第一"的内核——生命教育成了我的使命担当。

"学生第一"是以生为本的生命观。对待生命,首先是致敬的态度。

教育理论很少谈及态度,因为这是常识,都是从熟悉成为陌生。

态度,既指人的举止神情,又指对于事情的看法和采取的行动。

"看法"的意思是看什么、怎么看、为什么看。

首先,教师的"看"要求教育价值观与人的成长规律必须相符。教育的价值追求应该是以学生个性发展、为国家培养未来人才为旨归。人的成长规律除了强调身心成长的一般性规律外,还包括尊重人的天赋的多样性和发展的节律性等特殊性规律。教育价值追求是一个相对宏大的目标,是一个指导原则,而成长规律则是我们在进行教育实践时所应遵循的实践原则,两者只有相互契合,才是一种端正的看法、科学的态度。

其次,教师的"看"要与自己的人生价值观相融。学生的发展,是教师的最大幸福,也是教师这一职业的重要价值所在。同时,教育又是遗憾的事业,因为收获有延迟性,常常是"付出与收获不相匹配"。把"学生第一"理念融入教师人生价值观,以对生命的致敬态度,可使教师展现职业风度与职业素养。

最后,教师的"看"要排除主观片面性,戒除私心、私利。主观片面性不排除,就无法以学生为本,也无法产生尊重的态度。教育教学经验非常宝贵,辩证地看,经验一旦变成经验主义,就会禁锢我们的思维。时代在变,学生在变,教师对教育的理解也需要不断与时俱进。唯可不变的是对"学生第一"之爱,这才是对生命最大的致敬态度。如果只是为成绩、为绩效、为职称、为荣誉,师生关系就会出问题。

教师以对生命致敬的态度,对接教学态度,能让学生从教师的教学态度中汲取追求真、善、美的价值品格。

态度的内生动力是热情。生命的热量源于心理结构,情绪有如热分子的不规则运动,但意志可以把握生命节奏,使情绪在调节中纳入热情的轨道。基于对未知的渴望、对生命的审美,就能产生源源不断的生命热情。

态度是一种修养,知识再多,也难以比肩。

《生命3.0》的作者迈克斯·泰格马克认为生命有三个阶段。第一阶段"生命1.0",是天择原理进化;第二阶段"生命2.0",是自然进化与文化进化相携而行;第三阶段"生命3.0",是对生命的设计、改造,对遗传密码修改、重组。第三阶段属于未来,科技发展突飞猛进,智能机器人纷纷出现,但最终的困难,仍然是如何定义"人"这一概念。

不管人类的好奇心与挑战力会达到什么程度,我们始终无法绕开的是对生命作为存在概念的这一原点的思考、研究。

人类的全部尊严在于思想。脆弱的芦苇即使变成强大,没有思想也仍然只是芦苇。思想的热情一经外化,就是生命的态度。即便有一天出现仿真智能机器人教师,也无法替代血肉之躯的师生进行面对面的无限丰富而细腻的心灵沟通。

学生第一,是生命对生命的呼唤、尊重和欣赏,种下天赋的种子,结出蒲公英绒伞,帮助学生放飞梦想,实现生命的春华秋实。

三、核心力量——理念思想建构

长期以来,晋江市第一中学努力践行"诚、严、勤、毅"四字校训,凝聚各方面积极因素形成共同信念,并落实到教书育人的各个环节、各个层面。2008年,基于新的社会形势和教育大局,我们进一步诠释四字校训并注入新的内涵,以"学生第一"的核心理念重建学校文化,培育核心办学力量。

所谓"学生第一"，从教育学角度说，首先把校名的排序第一化为以学生为首位，以素质育优秀，以卓越为追求。从教育心理学角度说，"学生第一"既体现了对学生个性唯一的尊重和理解，又体现了重要的教育功能，使唯一的个性成长为各自的优秀。从教育社会学角度说，"学生第一"确认了学生的权利主体、责任主体地位。但是"学生第一"并不同时意味着"教师第二"，它不是一个次序概念、等级概念。从教学活动的角度说，"学生第一"强调学生研究、学习研究和学情分析，突出以学定教、以学评教，建立以学生发展为本的新型教学关系和新型评价机制。而在"哲学治校"的语境中，"学生第一"也是一种价值观和方法论、一种思维方式和评价标准。因此，从办学模式到环境设计，从课程规划到制度建设，从教师研训到教学过程，从校园活动到社会实践，都以此为出发点和归宿。

哲学也是一种创造概念的活动，进而在概念中把握这个世界。由此，"学生第一"便成为学校的思想引擎，学校所有的人、事、物都成为这个引擎驱动的力量。在这一思想引擎的带动下，一系列核心话语、核心课程、核心制度、核心方法、核心工具不断创生。它们构成了核心生产力，共同担起培育和实践社会主义核心价值观的使命，共同负起立德树人、铸魂育人的责任，共同指向学校的育人目标：培养负责任、有作为的现代公民。

"学生第一"理念的理论根据，是马克思主义人才观。马克思主义人才观的核心是人的自由发展与实现自我，它有三个认识系统：一是人才的发现，二是人才的培养，三是人才的评价。这对学校而言，至少有三点启发：

首先，教育工作要有一双发现的慧眼。人各有天赋禀性，除了显性呈现，还有潜意识中的潜能，因此需要外观与内视结合。成长是一个时间概念，更是动态发展、变化观念，所有的人才标准都有相对性。因此特别要关注非智力因素转化：既要拓宽关注面，又要有透视的深刻性。人是自我的资源库，须予全息性观察。

其次，学生培养要以综合素质为出发点。注重在一般的教育规律下，引导、规范学生实现个性化自由发展。教师面前没有"差生"，差的是发现、教育的能力与智慧。

最后，学校对师生的评价须着眼于人的发展。评价的根本意义是让学生在成长中获得自强、自信与自由，通过评价获得自我肯定的快乐。

社会需要精英人才，更需要在各领域平凡岗位上的优秀人才。面对人才竞争，必须从"学生第一"的理念出发，培养"第一学生"的优秀素养。

学生第一，从学来说，是内因，强调学生是认知的主体；从教来说，是外因,教师仍然是教学的主体。两个主体互动,辩证统一。对立,通过外因至内因的变化达到统一。内因是变化的根据,外因是变化的条件:再多的条件忽略了根据,就无法实现知识到能力的转化;再好的根据忽略了条件,也无法实现高效成长。因此,"学生第一"的办学核心理念,主要从三个方面进行教育哲学思想建构:一是德育实践与感悟,二是时间管理与问题教学,三是一个都不能少的人才观。

每一个孩子都是父母之宝,非常珍贵。

教育对"宝"的理解:平等中有差别,差别而又始终平等。平等的前提是公平,只有合情合理,不偏不倚,教育资源才能人人共享。但复杂、困难的是"差别"。差别教育要求承认差别、看到差别、尊重差别,在差别中发现潜能、优势,因势利导地将其培养为各自的优长。

教书育人对教师的根本要求是以慧眼去发现。从行为习惯、个性气质中发现,从学习活动、学习成绩中发现;从优点中发现缺陷,从缺点中发现希望,从当下发现趋势,在期待中夯实基础。

教育的差别观就是人的自由发展观。自由的概念不是指不受拘束、不受限制。从法理上说,是在法律规范内人人有自由意志的权利;从哲学上说,是认识了人与事物的发展规律,并自觉地在实践中运用。尊重个性差别的自由发展,在发展中享受平等的教育资源,又有差别地对资源进行合情合理的倾斜配置,这就是马克思主义人才观的全部理论基础。

这种"有教无类"与"因材施教"的辩证统一,落实到学校教育实践之中,就是"四特生"发现培养。所谓"四特生",是指综合特优生、学科特优生、技能特长生、特定层次生。

人才培养要符合社会组织、生产与服务的结构需要,各有所别,各有所需,各有所长。人才标准的广义概念,就是为社会培养合格人才。知识经济迅猛发展,新的领域不断被发现、拓展、深进;教育面向现代化、面向世界、面向未来,既要满足当下对人才的需求,又要有高度的前瞻性和全球性。在生态教育环境里,素养教育一方面给足养分和条件,另一方面又创造自由发展的可能,这才能为分层选拔提供最大限度的自由。由此,学校针对"四特生",配置相应的教育资源,创造合适的教育条件,设置不同的教学课程,采取针对性的教育措施,从而高效培养人才。

总而言之,"学生第一"的理念,落实于每一个学生,就是使学生正确地认识自我,科学地规划自我,严格地管理自我,努力地实现自我,协调自我价值与社会价值。

第二节　核心:德育实践与感悟

一、长度兼高度——记录学生的成长实践

学生第一,必须做到科学地激励学生;科学激励首先要把握好评价标准。传统评价的"尺子"过于强调横向比较,分出你长我短,这当然有一定的促进作用。我们换了一个思维角度,把尺子竖起来看学生,即让每个学生都关注到"长高"的成功体验。在晋江一中,这把"竖起来的尺子"就是学生的成长记录袋。这把"尺子"给了学生自信,给了学生成长动力。

2008年秋季开学初的一次升旗仪式上,施秀梅同学进行了题目为《我收到将军的一封信》的"国旗下讲话"。说着说着,她激动地流下了眼泪。她所说的这位将军是蔡英挺上将,毕业于晋江一中。在晋江一中志愿者协会开展的"百名学子访百名校友"活动中,他给施秀梅同学回了一封信,信中写道:"我相信,在母校和老师们的辛勤培育下,经过不懈努力拼搏,你们的明天一定会更加美好,你们的人生之路一定会很精彩。"面对蔡将军的殷殷期望,施秀梅说:"将军的这封信,是写给我的,是对我的深情勉励;也是写给母校全体同学的,是对我们的殷切期望。这封信,指出了我人生的坐标,我要把它珍藏在我的成长记录袋里,伴随我成长。"她的讲话深深地打动了在场的两千多名师生。

施秀梅同学的"国旗下讲话"传递了这样的信息:成长记录袋收集的范围宽广,例如失意后的一番谈话、一次微笑的关心帮助,甚至一次掌声、一个真诚的笑脸。与考试成绩、荣誉和奖状相比较,这些似乎显得零零碎碎、鸡毛蒜皮,但因为感动,虽然仅是只言片语,却是内心的光明和温暖。成长记录袋的实施,让学生受益无穷,是他们自信和力量的源泉。

(一)成长记录袋:检阅学生个性发展的足迹

2006年,随着福建正式启动高中新课程实验,我校开始为高一年级学生建立成长记录袋,并制定了校本实施的基本原则。2007年,为了让成长

记录袋真实地记录学生的成长过程,更好地发挥自我激励的功能,学校发放调查问卷,征集学生"金点子",进一步完善《学生成长记录袋构建方案》。全校师生共同讨论,确定了成长记录袋的主要栏目:个人基本信息、我的学业历程、我获得的荣誉、我自信的评价、我满意的作品等。

学生自己设置栏目,就有了动手的兴致。赖雅妮的成长记录袋里有一张高中"入学通知书",被她视为珍宝,因为这代表了她人生一个重要阶段。而杨雅清的成长记录袋里,装有班刊《盛放》的装订本。在晋江一中,班刊是学生成长的一个园地,他们在这里话语人生,交流思想,分享快乐,共同成长。

现在,在晋江一中,成长记录袋已受到所有学生的欢迎和使用。在一次班级成长记录袋经验交流会上,一位同学满怀深情地说:"我的成长记录袋,便是我用成长中的记忆构筑的小小王国。每一次收藏成功,总有喜悦漫上嘴角;每一次回望成长,总有温馨充满心房;每一次展望未来,总有力量握在手心。一路成长,我们需要为自己细心珍藏,方能让人生不留遗憾的空白。"

(二)成长记录袋:根植校园丰厚的文化土壤

成长记录袋尽管是伴随着新课程而出现的新举措,但是它又与学校原有的文化息息相关。在办学过程中,不管是学生学习还是生活,学校都倡导自主活动,鼓励自主参与,创设内容丰富和形式多样的校园文化,这为学生充实成长记录袋提供了充足的资源。

学生成长记录袋里存有三张卡片:阅读卡、劳动卡和社团证,有的学生还附有图书馆阅读、参加义务劳动和参加社团活动的照片。

1.阅读卡

长期以来,由于"书香校园"的建设,学生阅读蔚然成风。学校开展阅读护照认证读书活动,学生人手一册《阅读护照》,指定一批重点阅读篇目和拓展阅读篇目,对学生的阅读情况进行综合测评,授予不同等级的称号。

2.劳动卡

建校以来,劳动就是学生的"必选课"。学校的校园环境是几代师生用双手创造出来的。为了更广泛地开展学校公益劳动,晋江一中推行劳动卡制度,要求学生每学期必须参加一定次数的义务劳动,如打扫校园公共区、整理活动场所或完成其他劳务,以此培养学生热爱劳动的习惯、吃苦耐劳的意志和团结协作的精神。

3.社团证

开展社团活动是一项传统,学校成立了52个学生社团,倡导人人至少参加一个社团。学生社团作为校园文化生活的重要载体,对学生知识、技能、能力的塑造和思想道德素质的培养起着重要作用。

阅读卡、劳动卡和社团证根植于校园文化,又促进校园文化的发展:学生人人参与,人人受益。学生非常珍惜手中的三张校园卡片,这是他们丰富的校园文化生活的"见证",理所当然成为成长记录袋中的重要"角色"。

心理健康教育是学校的办学特色,心理健康教育协会是众多社团发展的缩影。协会成立之初,会员制作会徽,印制会旗,印制证件,吸收会员,开展活动,颇有成效。翻开心理健康教育协会副会长邓军的成长记录袋,里面关于心理健康教育的材料琳琅满目:有会员证、心理小报《石鼓心声》、心理小论文获奖证书、第一届心理情景剧最佳男演员证书;有参加演出的心得体会;有参加协会活动的照片。他在《成功》一文中说:"那几天,真的好辛苦,没吃好一顿饭,没睡好一次觉。下午一放学就去排练节目,有时没空吃晚饭。累!不仅参加比赛,我还是决赛主持人。""当我的搭档主持人宣布我是最佳男演员时,真的非常激动,那一刻,只觉得之前的所有努力都是值得的,我无怨无悔!"

(三)成长记录袋:飞架家校评价交流的虹桥

学生成长记录袋是学生激励和提高自己的一种评价方式。它不是保险柜,也不是储藏间,而是一座虹桥。晋江一中定期组织班级交流、学校展览、家长会观摩,这些交流和沟通活动已成为晋江一中一道亮丽的校园文化风景线。而学生成长记录袋里的优点单无疑是其中最耀眼的,它总是让学生、教师和家长刻骨铭心,难以忘怀。

学生优点单是由同学和老师填写的。优点单简单明了,分为正反两面,正面为校名、年级、班级、姓名、时间;背面有两个栏目:同伴的眼光和老师的印象。每位学生每学期分发两张,每学期学段结束后进行评价。

学校每学期组织学生评价活动,征集学生优点,而教师则更是有意识、有准备、有针对性地发现学生优点、肯定学生特长、激励学生进步。

优点单不仅促进了学生之间、师生之间的交流,也加强了家校之间的沟通。于是家长会举办日也成为观赏学生成长记录袋的盛大节日。家长们坐在自己孩子的座位上,打开成长记录袋,关心孩子的学业成绩,也关心他们在思想品德、身心健康、艺术素养、社会实践、劳动素养等维度的发展情况,眼睛久久地盯在优点单上。在一次家长会上,一位学生的母亲在看了孩子的优点单后掉下了眼泪。班主任曾佩云老师给这个孩子的点评是:"看着你进步很高兴。你能昂起头,挺起胸,把困难踩在脚下。相信自己是最棒的。"原来,这位学生家境困难。有一次,因为天气变冷,他感冒了。曾老师到宿舍看望,他低声说:"昨晚太冷了,整个晚上睡不着觉。"看着脸色苍白的他,还有床上那条薄被单,曾老师既心疼又着急,当天就从家里捎来一床棉被,并塞给他200块钱,要他多增加营养。家长既感谢学校和老师给儿子带来温暖,也为儿子的争气而自豪。

学生成长记录袋是课程改革中的新生事物,要不断完善、不断提高。这种成长体验的梳理、交流与展示,引导学生在自我教育与相互学习中向善立德。我们坚信,在"学生第一"办学理念的指引下,学生成长记录袋必定能推进学生的自我反思、自我激励和自我发展。

二、育德育情怀——文化故事的德育感悟

中华文明中,道德资源丰厚。如何传承与创新是新时期面临的新课题、新挑战。

《国家中长期教育改革和发展规划纲要(2010—2020 年)》特别强调:"构建大中小学有效衔接的德育体系,创新德育形式,丰富德育内容,不断提高德育工作的吸引力和感染力,增强德育工作的针对性和实效性。"这段话是德育纲领。晋江一中经过几年探索、实践,进一步明确了德育新载体:这就是校园文化故事。文化故事不仅创新了德育形式,而且内容丰富多彩,在实践中产生了吸引力和感染力,取得了很好的效果。

（一）文化故事是情感交流的媒介

1.学生写、说文化故事

[故事一]2011年6月底，初中二年级召开家长会，这是一场校园文化故事的汇报会，主题是"我想对你说"。舞台一侧对着观众席放置一把椅子，椅子上坐着一位母亲。

活动开始。蔡舒绮同学上台了。她向观众行了个礼，又向坐在舞台一侧的母亲也行了个礼。然后，她一边向着台下，一边向着母亲，讲述了她自己的故事《妈妈，我想对你说》：

"生病的那个晚上我做了一个噩梦，梦见我被独自困在一个古老的迷宫里，四周都是冷冰冰的砖墙，没有出口。墙上覆盖了黏稠的青苔。我要逃出迷宫，没有出口我也要逃离。我小心翼翼，胆战心惊地一步一步挪动脚步，难道这真是《盗梦空间》里所描述的那个恐怖的迷宫吗？突然一声崩裂的巨响，砖头一块块向我砸来。

"我被惊醒了，吓出一身冷汗，立刻光着脚丫向母亲的卧房跑去，我哭着对你说：'妈妈，我做噩梦了，吓死我了！'妈妈，你轻轻拍着我，又立刻取了一件外套，匆忙帮我穿上。说：'别怕，没事儿，梦啊都是假的呢！'但是我的脑海里仍旧充满了那个恐怖迷宫的画面，全身一直抖个不停，嘴里还念叨着胡话。你被我的模样逗笑了，说：'知道吗，老人们都这样说，做噩梦能给人带来好运呢！或许明天啊，你能得到老师的表扬，我呢，老板说不准一开心就给我加薪了呢！'妈妈，谢谢你，你的一番话让我终于消除了恐惧和惊慌，我轻轻地舒了一口气，安心地回房睡觉。"

故事讲完，舞台上母女俩紧紧地拥抱，热泪盈眶，台下的家长们也落下了感动的泪水。

这个故事用"说"来叙述发生在自己身上的事，声情并茂，母女互动，台上与台下互动，母爱和感恩产生了巨大的吸引力和感染力。

任何一个学生身上，都拥有巨大的德育资源，关键是如何发现、挖掘和运用。

[故事二]你可曾想过，是什么维持着社会的秩序？我认为是规则，社会上有规则，学校有规则，乃至家庭也有规则，规则无形但有其质。

初入新校园的第一场篮球赛，我们班的队员一身戎装，踏上球场，尘土飞扬，鏖战犹酣，队员们在场上挥洒汗水。一次次进攻，一次次防守，两分的差距始终无法追上，我连忙喊了暂停。

休息时间并不多，我往记分牌上瞟了一眼，大吃一惊，暂停前还是差两分，现在足足差了三分！脑海中闪过一个念头：对手偷翻成绩。滔天怒火涌上心头，在那一刻我失去了理智，直愣愣地冲到记分牌前快速翻动着，但遭到了一阵训斥。

晚霞染红了半边天，余晖照在我的身上。过了许久，老师找到了我，轻轻问道："你觉得你对吗?"我竟一时语塞，不知如何回答。空气静默了好半晌，老师再次开口："你应该动那个记分牌吗? 无论在哪个赛场上，记分牌都是不可以碰的，它就是规则，就是约束你的枷锁，尽管它无形，但有其质。你内心并没有规则意识，这会使你将来的路越走越困难，好好想想吧。"

听完这番话，到我脑中却变了味，认为老师也在指责我，眼泪竟掉了下来，委屈涌上心头，班主任的话早已抛向九霄云外。为什么! 我为了班级荣誉，换来的却是一声声斥责。此时我的血液在太阳穴里发疯似地悸动，脸色铁青，额上的一条青筋涨了出来，脸上连着太阳窝的几条筋，尽在那里抽动。比赛输了，我并不恼，可当时那位老师的谩骂，班主任的教育，总使我感到难受，感到愤怒，感到委屈!

烧得再旺的火，也终会平息，回想起班主任的话，一个字一个字好好地斟酌，究竟何为规则意识? 夜在我深深琢磨中悄悄来临。

晚修的钟声敲响，同时也敲开了我的愁绪，这钟声意味着开始学习。这是规则，早已深深埋入学子的心中，没错，这就是规则意识，诸如此类还有很多很多。我顿悟了，原来我是好心办错事，缺乏规则意识使我做事鲁莽不计后果，尽管出发点是好的，但往往会给集体带来更多麻烦。于是我开始重新审视自己的行为，寻找更好的解决方案。

学习生活中的许多小矛盾，都是缺少规则意识而导致的，拥有它，可以一路畅行;失去它，则会寸步难行!

这个故事反映了学生认识的转变过程。这说明学生在犯错以后，老师仍给予其尊重与信赖、反思的时间，让学生实现了自我教育。学生写自己的故事，又在家长和老师面前说，足以说明改错的勇气开始强大，这种效果，常见的简单批评教育是达不到的。

2.教师讲述自己的故事

下面是老师向一位学生讲的自己的故事。

1991年,我从磁灶中心小学考入晋江一中,从乡下来到县城,父母把我一个人寄在租客家吃住。瘦弱内向的我像一条田沟里的鱼被扔到了汪洋大海。

我被安排在最后一桌,和一位留级生同桌。他的头发永远是板寸,脸透出一种因靠海而辣爆的"闽南黑",身强体壮。他总是到处惹是生非求关注。没多久,我也没能幸免。那次早读,语文老师刚好没来,他大概心情不太好,随便找个借口就用他锤子一般大小的拳头轰了我肩膀几下。老实说,虽疼是疼,但不至于忍不住,我还是很丢脸地哭了起来。我没有告诉别人,我哭,真正原因是没什么朋友,一个人太孤单,小时候被寄养在外婆家的那种被弃感盘踞于心,我不知道这样的孤单要持续多久。这一切让我很沮丧、很无助,甚至很害怕。

擦干了眼泪,咬了咬牙,暗暗发誓要"报仇雪恨",以后要狠狠地揍同桌一顿!晚自修回家之后——不,应该说是回到那栋房子之后,我开始练俯卧撑,一口气做了八下,就趴下了,大口大口地呼吸。对骨瘦如柴的我来说,这太难了:我什么时候才能够报仇成功呢?我不禁有些丧气。但事情一旦开始,就收不住。之后每一个晚上,不论是酷暑还是寒冬,我都会一个人在庭院里做俯卧撑。初二的时候,我已经能够一次做一百个俯卧撑。初三的时候,我掰手腕,已经全班无敌手了。然而,奇怪的是,我已经不那么想"报仇"了。

"恶"的同桌已经是我的最要好的哥们之一了。总之,我的"复仇计划"落空了。

如今,我已经从一个瘦弱的文静小生,变成了一个体型像体育老师的语文老师了。想想也真是奇怪,一件小事,居然能改变一个人的气质!难怪莫泊桑会感慨:"人生真是古怪,真是变化无常啊。"

点评:一个人的成长过程中,我们看到了由复仇的心理,如何转化为内心的向善;自卑如何转化为自强到自尊。

每个教师每天都跟学生交流,但效果常常不尽如人意。如果交流只是以"要""必须""应该"等字眼打头,就像拿错了钥匙,难以开启学生心灵之门。教师讲述自己的文化故事,找对切入口,就能平等交流,拉近心理距离,增加亲近感。

教师真诚、真实讲述自己的文化故事,有感召力量;这就是师德润物无声的感染力。

3.师生共同讨论故事

讨论故事,分析故事内涵,探讨故事意义。

2012年秋季学期,高中2014届学生W,在一次宿舍环境卫生扫除中,他不想干活,但谁也拿他没办法,同学对他意见很大。学生W出手打了同学,说是要教训对他有意见的人,结果把同学打哭了。学校要处分他,可他不服。这事让家长知道了,这个家长是我的老朋友,他打电话让我做做他儿子的思想工作。

见面时,我没有提及他违纪打架的事。我先让他说说自己在求学道路上,有什么值得回忆的往事。W讲述了在初中时的一个故事。

"上初中时,我被分到了一个后进班,因为纪律差,大会小会总是挨老师批评。班主任是个刚毕业的大学生,没有什么经验。那时,我无心上课,总想着找机会溜到外头。有一天下午,班主任去其他学校听课,我认为机会来了,就约了几个同学逃课。就这样,我们在校外玩了一天,下午快放学时才返校。但我得到一个不好的消息,逃课的事被班主任发现了。我想,既然老师知道了,找班主任去当面认个错,多少还能'减刑'。想不到的是,班主任看我主动认错,不但没有严厉批评,而且好言相劝,跟我谈人生、说理想,一直聊到路灯都亮了。我真的被老师的真诚感动了,就下决心改正错误,后来慢慢进步了,学习成绩也渐渐提上去了。"

我问他:"你给我讲这个故事,是想告诉我什么道理?"

他回答说:"世上无难事,只怕有心人。"

我:"好,接下来让我们探讨以下几个问题:第一,你上初一时,说是'无心上课',原因是分在后进班,真正是什么原因让你成天想玩呢?"

W:"应当是年少不懂事吧,觉得读书跟不读书没有多大区别,班上风气不好,这是一个借口。"

我:"那就对了。一件事情做好做坏,掌握在自己手中,我们不能总把责任推卸到别人身上去。第二,你上课期间,溜到校外玩耍,老师并没有对你简单、粗暴地批评,而是心平气和地谈心,从而让你深受教育。如果班主任当时用一种非常严厉的方法批评你,你会接受吗?"

W:"不会接受。"

我:"为什么?"

W:"我的性格也比较倔强。"

我:"那么你的故事的结论是'世上无难事,只怕有心人',是不是可以改一改?"

他想了想,找不到一个妥帖的回答。我提示说:"师生要交流,人与人能平等交流吗?"

他回答:"是这个意思。"

我:"第三,如果让你来重新面对宿舍那件事,你现在会怎样解决?"

W:"那个同学不扫,我来帮他扫,或者发动同学帮他扫。"

我:"这是一种很好的思路。一次帮,两次帮,三次帮,他不会无动于衷的。第四,对他人错误的宽容,其实是一种善的觉悟,你能说说这是为什么吗?"

W:"我不懂。"

我:"以善的觉悟宽容并不是错误不存在,而是以善行去感化别人也感动自己。"

学生听了会意地点了点头。

对学生进行教育,最忌讳就事论事,或大谈道理,警示他们这样不对那样不行。如果让学生自己讲述曾经发生的事,把体验和感受带到现场,通过是非曲直、孰是孰非的讨论,那么不仅能提高他的认识,还能帮助他学到思辨的方法。

(二)文化故事是德育文本

1.文化故事是教育连续性文本

美国心理学家杜威认为,教育的连续性是教育活动的一个重要原则,任何一种教育活动都必须与学生过去的个人经历和将来的个人生活经验联系起来。这是因为,联系曾经的生活经历,可以正确理解现在的生活经验,并拓宽或加深未来的生活经验。因此,不管是对教师还是对学生而言,讲述文化故事,都有助于他们更好地审视过去、洞察现在、把握未来。

2.文化故事是个性文本

从人性看,任何一个人,都是一个完整、独立、独特的生命个体,有着明显的个性差异。加之生活环境不同、认知水平不同、思维方式不同和成长过程不同,因此素质教育的任务就是如何开启一把把不同的锁,以达到三全育人效果。文化故事作为德育资源,来自学生,适用于学生,就是在差异性中,使德育功能最大化。

3.文化故事是体验性文本

德育需要在活动中体验,但不能把活动当成体验本身。以文化故事为载体的德育活动,是从感性到理性、从体验到审美,是极有效的德育载体。

4.文化故事是心理学文本

学生中发生言语争吵、肢体冲突,往往是情绪一时失控。事情发生后作冷却处理,再写下故事,就有望让理性得到回归。最后在心理层面加以讨论,因势利导,就能知书而达理了。

三、火花聚明灯——让学生优点都亮起来

学生第一,鼓励学生以卓越为追求。如何做到这一点? 2006 年秋季,福建省正式启动高中新课程实验,全面实施学生综合素质评价,促进课程改革的顺利发展。我校在实施学生综合素质评价过程中,不断探索新思路,探求新办法,推行学生优点单制度,融合赏识教育、和谐教育、成功教育理念,开发学生多元智能,实施多元评价,唤醒和激励学生,引导每个学生走上成功道路。

(一)优点单是一种相互性评价

《教育部关于积极推进中小学评价与考试制度改革的通知》(下称《通知》)指出:"评价方法要多样,除考试或测验外,还要研究制定便于评价者普遍使用的科学、简便易行的评价方法,探索有利于引导学生、教师和学校进行积极的自评与他评的评价方法。"

学生推优。每学期组织一至两次学生推优活动,自评、互评优点。通过推优活动,不仅让同学学会发现优点、欣赏优点、学习优点,而且化同学矛盾于无形,增同学情感于无声。

教师推优。教务处每学期组织一至两次师生交流活动,不仅让教师有意识、有准备、有针对性地发现学生优点、肯定学生特长、激励学生进步,而且能促进师生关系更融洽。所谓"育人先自育,正人先正己",在教师为学生"推优"的过程中,教师也意外收获了自我教育的效果。

11 位同学给陈小言写优点单。唐锦灿说:"勤学好问,与人为善,工作

尽责。新的学期，新的开端，希望有新的收获、新的进步。"吴美娥说："你是一个多么真诚的人，踏踏实实地走过第一步，是我们学习的好榜样。"

6位同学给李琳虹写优点单。永元说："极具亲和力的微笑，相当科学的学习方法，出色的干部风范，这一切都是你传递给我们的信息。相信你的天赋与努力将成就你不平凡的未来。"张红红说："你样样精通，成绩优异，平易近人，乐于助人，是尽责尽职的好班长。大方，诚恳，微笑，是你留给我们最美的印象。"

柯长茂老师给朱可夫同学的点评是：你是第一个主动与我交流的学生，而这种主动是非常重要的，是进步的源泉和前进的动力。你是一个有责任感的学生，奋斗目标可以更高远些，要知道，目标有多大，事业才能干得多大。

采集优点单的过程，就是同学之间、师生之间互相发现、互相欣赏、互相学习、共同进步的过程。

（二）优点单是一种辅助性评价

2006年以来，福建省根据教育部有关教育综合改革及普通高中学生综合素质评价工作部署，分别出台了3份有关综合素质评价的实施办法（指导意见）。在2006—2015级实施的综合素质评价维度包括道德品质、公民素养、学习能力、交流与合作、运动与健康、审美与表现六个维度、二十个二级指标项；2016—2019级综合素质评价维度调整为思想品德、学业水平、身心健康、艺术素养、社会实践；2020级起，在2016—2019级版本基础上新增了劳动素养。不论旧版的六个维度，还是改革过渡期间的五个维度，或是现阶段确定的新版六个维度，其都指向发展素质教育，促进学生全面而有个性发展。根据不同阶段省级文件要求，学校都细化制作成综合素质评价表，在应用于校内管理、促进学生发展方面，分优秀、合格、尚待改进三个等级呈现。

把学生优点单的评价与综合评价表做比较，可以看出不同点：

（1）优点单坚持过程性评价，综合素质评价表侧重于阶段终结性记录。

（2）优点单评价是综合评价表中的部分内容，二者是局部与整体的关系。

（3）优点单评价使用描述性语言，而综合素质评价表以符号标示。

（4）优点单充分体现了学生的个性特点，以激励性语言评价，而综合素质评价表呈现学生发展过程和结果。

由此可以看出,优点单的评价与综合素质评价表相辅相成,互为补充。优点单是综合素质评价的辅助,但这种评价是综合素质评价表所无法替代的。

(三)优点单是一种差异性评价

《通知》指出:"评价标准既应注意对学生、教师和学校的统一要求,也要关注个体差异以及对发展的不同需求,为学生、教师和学校有个性、有特色发展提供一定的空间。"由于个体差异,不同学生有不同的个性,他们的心理、情感、态度及其变化也有所不同。不同的学生有不同的优点,显性的、外在的优点容易发现,隐性的、潜在的优点则难以获取;学生在校内活动的优点容易捕捉,在校外表现的优点则很难跟踪。我们之所以感到对学生评价难,其原因很多,首先是与学生之间有距离,甚至是很长的距离。如果不能走近学生,缩短与学生的距离,就可能不了解学生过去怎样,现在怎样,将来怎样;可能不了解学生想些什么,需要什么,会做些什么;可能不了解学生优点有哪些,缺点有哪些,进步有哪些,评价就可能失去偏颇。教师给学生写评语,往往千人一面,根源于对学生的了解不足。

我们坚信,凡是学生必有优点、凡是优点必能助推成功。学校需要想方设法搭建学生活动实践平台,充分展示学生的个性特长,挖掘不同的闪光点。

我校根据学生兴趣爱好组建了 47 个社团,力求做到"生生入社团,人人有特长"。社团活动可以展示学生活力和潜能。通过以上活动载体,我们可以明显地发现学生优点具有个体性、差异性及多样性,有的能歌,有的善舞,有的能读书,有的善动手。优点单能够客观面对学生的个性差异,肯定学生的个性特长,展示学生的个性优点,也就是挖掘学生多元智能,实施多元教育,进行多元评价,最终帮助每位学生迈向成功。

学生优点单是纽带,一端是学生,另一端是学生或老师。这种特殊的交流方式改善了人际关系,成了学生沟通的心灵之桥,有利于学生扬长补短、完善人格,能对构建和谐的生生关系、师生关系起到积极作用。

(四)优点单是一种激励性评价

优点单是一种激励性评价,符合人本主义学派马斯洛的自我实现的需要理论。这种自我实现的需要主要体现为成功感。在传统的眼光中,成功就是超越别人,走向领奖台。如果这样来解释"成功"的话,那么大多数学生就难以体验成功的快乐。学生的发展不一定超越别人,也不一定走向领奖台,但超越了自己,就是成功。实现自我都是值得肯定的。

推行优点单的成效已远远超出我们设计的预期。通过学生座谈、家校联系、教育研讨等渠道采集的信息显示,广大师生和家长普遍认为主要取得以下成效:

1.激励学生成长,促进校园和谐

问卷调查中,有人写道:"师生脸上的微笑多了,自信的表情多了,欣赏的眼神多了。"大多数学生说,我会很珍惜优点单,因为这是同学和老师写的,很有纪念意义。把优点单装入成长记录袋,好好保管。没事时翻出来看一看能够树立信心。

2.丰富成长个案,建设校本课程

优点单的征集汇编,就是最好的校本德育资料。发掘身边的榜样,有助于学先进、赶先进的良好竞争氛围的形成。我校定期召开优点单推行座谈会,进行问卷调查,以下是部分学生的心声:

2006级13班洪嘉雯说:"很高兴,除了开心,也意识到自己肩上的责任更重了,因为很多人关注自己,我不想让他们失望。"

2007级12班蔡庆焓说:"看到同学对我的表扬,很感动。我会拿着优点单,去问同学,我有什么缺点、什么不足,要怎样改进。"

2007级5班吴培云说:"原来我有这么多优点啊,真是兴奋。但自己也要像同学观察我的优点一样,去发现他人的优点,学习他人的长处,才能使自己更快成长。"

优点单的激励功能主要是:使受评价者感受快乐、树立信心,帮助受评价者寻找自己的缺点、学习他人的长处、明确自己进步的方向。

(五)优点单是一种文化性评价

我校的办学理念是"学生第一":我是第一中学学生、一中以学生为首位、一中学生追求卓越、一中学生素质优秀。学校把优点单视作一种文化性评价活动,力求建设以生为本的校园文化,锻造学生高尚的人格,促进学生全面发展。这也是办学的出发点和终结点。

优点单不仅是一种评价手段,而且是一种自我提高过程的记录。任何一个人的精神世界总是和他的语言世界相连接的,精神世界的扩展是语言世界的延伸,语言世界的扩展是精神世界的充实。优点单用以观察同学的闪光点,学习他人的长处,丰富自己的精神世界;用自己的语言表述,也丰富了自己的语言世界,这是一种学习的过程。优点单的推行,促进了师生精神世界和语言世界的提升,进而有效促进了师生共同成长。

优点单还是一种赞美文化的构建。每张优点单,都凝聚着激情与赞美,而赞美应当成为我们的行为习惯、优秀品德和校园文化。学生学会赞美同学,就会赞美教师,赞美父母,赞美社会,赞美祖国,培养拳拳的感恩情感。学校每学年开展一次全校性的"家庭感恩""我可爱的老师""可爱的一中"主题征文活动,与优点单推行形成一个活动系列。优点单的赞美,潜移默化地影响学生的情感、情趣与情操,影响学生对世界的感受、思考与表达,帮助他们最终积淀形成精神世界中最深沉、最基本的东西——人生观与价值观。这就是校园文化的底蕴。

爱因斯坦说:"学校应该确立这样的目标,学生离开学校以后,不是成为一个专家,而是成为一个和谐的人。"这里的"和谐"指的是学生的全面发展、协调发展和可持续发展,优点单就是培养和谐学生的推进器。让优点单亮起来,点亮学生前进的方向。

(六)优点单让学生从进步经历中进行自我教育

优点既是长途中的一个亮点,更是知不足而进的自我挑战结果。学生一方面,从成功的经历中体会获得感,进行自我激励;另一方面,在成功之后进行反思,发现、分析尚有的不足,保持对不足的自我挑战意识。因此,从根本上说,优点单就是学会进步的辩证法。

第三节　基点:时间管理与问题教学

一、时间管理

"时间管理"是学校治校体系的一个基点,其内涵为:师生有理、有节、有序地管理时间,做到遵时、守时、惜时。时间管理的本质是生命管理,教师与学生需要提高对生命时间的自我管理能力,从而获得生命价值和意义的更大化。

时间管理,首先是教师在教育教学中的时间管理。具体而言,就是老师在四十五分钟的课堂教学中如何进行管理。"管"是把握精准,不让四十五分钟时间有一分浪费、流失,所以要紧抓不放;"理"是要将顺四十五分钟时间的流程,如同一支乐曲,有停顿、有连续、有节奏,没有杂音和走调、呛调,能在有限的时间里处理好主旋律与次旋律的关系。但这还只是形式上的时间管理,内容实质上的时间管理指向教师说话占有时间的管理。在四十五分钟的课堂时间里,填鸭、灌输式的一言堂实际上是对课堂时间的浪费,教师支配一切的单向教学模式,使学生缺乏自我选择、自我学习、自我管理的机会。因此,留出学生思考的空白时间,才能获得师生交流互动的共鸣。可见,"历时性"与"共时性"是课堂时间管理的法则。然而,教师还应敏锐地注意到,学生的自主学习并不是无方向的盲目放空,还需要教师通过精心设置课堂提问、激发学生学习兴趣、集中学生注意力、启发学生思维,引导学生主动探索,进而掌握教学内容。可见,有节奏、有层次的"问题教学"是课堂时间管理的灵魂。

合理的课堂时间管理,不仅能够有效提高课堂教学的效率,更因尊重而不浪费学生智育成长的时间,不剥夺学生的思考能力培育,成全他们的潜质发掘。这正体现了师德的崇高。

时间管理还应该指学生学习生活中的时间管理。

衡量一所学校的管理水平,除了中考、高考之外,日常最直观的便是学生的行为。人的行为可分为语言行为、生活行为、学习行为、工作行为、交际相处行为、人与自然行为等,所有的行为都必须符合一定的社会规范,并在德性统摄下进行。从个体生命的自我意义与价值考量,所有的行为符合了规范准则要求,生命才有可能获得自由与尊严。

最昂贵、最无形的消费代价便是时间。为了避免时间被麻木、冷漠地浪费,我们必须以严格的行为规范引导每位不自觉的学生去适应。这是人的社会化必由之路。有一个故事:一位科学家想聘用一位助手,聘用的第一个考核项目是让应聘者先去做一项科学实验,科学家也不问实验结果。前来聘用人做完实验回家后,科学家发现实验台桌上一片狼藉:化学药品缸四处放置、试管置于烧杯之中、药物与渣滓没有得到清理。那位应聘者最终未被录用。不规范的行为习惯如果已经养成,纠正需要时日,有的甚至顽固而不可改变。开弓已无回头箭，如果不是问责于基础教育，再回过头去启蒙，实属浪费时间、精力。何况此时人的可塑性已大大降低。

为了避免留下"木已成舟"的遗憾，学校筹划了一系列具有可操作性的学生行为规范。

对于学生学习生活时间管理的培养，首先是规范学生在学校教室行为管理，包括整理书桌书包、摆放学习用品、打扫教室卫生等；其次是规范教室外的行为管理，包括整理宿舍、生活用品、个人卫生、家庭书房等。为落实校外行为规范管理，可在校内建立学生家庭服务实践、演示室，帮助学生进行烹调、购物、打扫卫生、整理家务等的实践、演示；最后是公共场所的行为管理，包括穿着得体、举止礼让、低声说话、交谈有度、态度谦和等。

行为管理本质上是时间管理。一个人如果能在中学时代做到行为有理有节、有礼有序，也就是在时间的常数中提升了生命的质量：自由和尊严、高雅与文明。当学生意识到这一点，他就能够明白时间管理的核心是生命意识的清醒，外部管理也内化为生命时间的自我管理。为推动自我管理意识培养，学期之初，学校为每位学生准备了"学期学习成长规划"，其中包括"优势学科的提升规划""一般学科规划""弱势科目补强规划""课外阅读规划""特长专修规划"，学生在老师的引导下，对自己的学习水平与学习能力进行深入分析，在此基础上有针对性地、分层次地进行新学期的成长规划。为落实每位学生的自我规划，学校对这些规划进行统筹，安排对应学科的教师对学生进行辅导。通过这样的方式，帮助学生学会主动规划自己的学习时间，并将规划落实到日常的学习生活中，由此培养了学生自觉管理时间的意识。

时间管理使学生透过规范化的要求，看到了时间的珍贵，于是教室环境整洁、美观，学生宿舍规整、安静，食堂用餐有序不乱。各种行为规范的执行，实质上是要告诉学生，生命的存在意义和价值是多元、多向度的，教育不只提供各科知识，更是帮助学生把知识转化为生存的智慧和能力。行为规范要严，才能达到治愚与治懒的目的。从被管理到自我管理，学生有了自觉的时间意识；学习中能够合理安排调节学习的各科内容，提高时间效益；统筹安排学习与生活，在保证学习质量的同时学会生活，获得情趣休闲；既能克服拖沓杂乱懒散的习性，又能激发生命的热情和活力。

时间管理作为治校的一个基点，最终指向"学生第一"的核心办学理念。教师通过合理安排教学内容、精心设计教学活动完成对课堂时间的高效利用，培养了学生知识获取与整合的能力、思维认知与建构的能力，体现了"一中以学生为首位"的基本内涵：一中学生在学校中、课堂中居于主体地位，学校、教师始终把学生的发展置于首要位置。

学生通过严格遵守学校行为规范，提升了学习、生活的时间效率，赢得了高人一等的生命质量，彰显了"一中学生素质优秀"的基本内涵。当时间管理由外在的行为规范发展为学生内在的自觉追求，这便体现了"一中学生追求卓越"的基本内涵：作为晋江一中的学生，必须有认识自我、规划自我、管理自我、超越自我的追求，并将这样的追求转化为不断拼搏的自觉意识。

时间管理是"学生第一"核心教育理念的重要基点，以"管理"丰富"教育"手段，是更加切合当今社会发展实际的方式：管理为学生提供的服务，是将办学思想、理念，化为学生以生命为本的实践、责任与作为，使之成为一名有责任的践行者、有目标的管理者。为此，学校必须出台许多细化的行为管理细则，在细致的研究、大胆的实践中不断修订、完善，而这一切的结果，都指向"时间管理"。

生命在时间管理中成长，又每时每刻在消费最昂贵的生命成本。因此我们必须向时间索要生命的质量，不让时间的价值在忙碌、紧张、重负之中被浪费。通过时间管理培养学生良好的德行品性，帮助学生争得学习的自由，使每一位学生成长为"会做人、会学习、会生活"的高素质现代社会公民，这便是"时间管理"的价值所在！

二、问题教学

2006年春季，高中新课程改革伊始，学校提出了"倡导问题教学，构建生态课堂，提高教学有效性"的改革目标，着力培养学生思辨能力，发现学生潜能，为学生健康成长打下基础。

2012年秋季，学校推出"问题案"行动策略，加大问题教学的改革力度，引导学生发现和提出问题、分析和解决问题、归纳和总结问题，并在自我发现问题中获得智慧和快乐。教育部到我校调研高中新课程实验工作时，曾对问题教学实践给予高度的评价。问题教学能获得良好效果，也为建立学科哲学准备了充足的条件。

（一）溯源与意义

关于问题教学，可追溯到孔子。

孔子曰:"不愤不启,不悱不发。"

"愤",因受外界刺激而冲动;"悱",意不舒,思想不安稳、舒畅。这就是"启发式"教学的由来。在教学活动中,学生经过教师的点拨、启示,激发出了疑问、困惑,在求知的渴望下,教师予以二次施教。"启发"有多种方法,总的来说,就是不直接给出答案、结果,直接的给予有包办的意思。提出问题后,重在如何分析问题,并不是一味地解答问题便是好的教学,要看学生的需要,即学生真正不能理解或不能表达的时候,教师才去引导。

"学生第一"的理念贯彻到教学中,就是把学生作为主体,是主动、自觉的受教者。学生经过自觉的思考活动、心理活动,就调动了主观能动性、积极性,这更符合认知的科学规律。

问题教学是启发教学的一种方式。但问题教学在实践中容易发生偏向,一些教师简单地认为问题教学就是拿问题问学生,如果有这样的片面理解,课堂就变成了问答课。

"问题"只是形式,循循善诱式的引导即使没有提出具体问题,实质上也可以纳入问题教学的范围。所以,对于问题,首先要理解问题的实质是什么。

"问题"就是矛盾,是"未知"与"知之"的矛盾,从"未知"到"知之",矛盾统一了,但"知之"之后,又产生了新的"未知"。所以"未知"与"知之"的对应是绝对的,统一是暂时的。爱因斯坦曾经说过,因为他知道得多,所以未知的也更多。问题教学不仅能激发思维能动性、好奇心,让学生提高学习的积极性,带着"问题"学习新知,调动已知向新知的认知能力,问题引出思考,进而对知识有系统性把握,而且有助于启发学生善于质疑,培养他们的问题意识。从这一点来说,意义就更重大了。

对教师而言,问题教学不是变轻松了,相反是更严格的要求。例如备一篇课文,要发现特点、重点、难点、关键点,还要严加区分、辨别并确定它们彼此之间的关系,再从备课文到备学生,善于考虑以什么样的疑问方式给学生一定时间的思考,是否能顺利地按知识与认知的逻辑引领入未知的领域,是否使师生共同分享知之后的快乐等问题。

为了防止教师的填鸭、灌输式的一言堂,问题教学就是对症下药。所以"问题教学"是课堂时间管理的灵魂!应该从师德的深度与细处去解读时间管理与问题教学的关系。

(二)概念与例举

问题教学就是立足学与问的辩证法,从而按认知规律进行教学。提高课堂教学质量,关键之一是正确处理问题教学与逻辑思维培养的关系。

什么是问题?问题就是要求回答或解释的题目;从本质上说,是研究讨论与解决矛盾疑难。

什么是逻辑思维?即在认识过程中,借助概念、判断、推理,反映现实的思维方式。

问题由疑难的概念、判断、推理组成,问题教学的目的是提高学生的逻辑思维能力。

一堂课的质量,从学习心理上说,首先是掌握注意力,通过问题吸引注意力;二是以概念使注意力聚焦,聚焦而又拓展,使注意力深进与分配,由概念内涵到外延,外延拓展后形成概念群,再研究概念之间并列、同一、从属、交叉等四种关系,然后进行判断推理。

试作一次推演:"人都有着高贵的理性和无限的潜能"。

将此句一分为二:"高贵的理性。""理性"的内涵本质是什么?"理性"决定的因素和条件是什么?后天如何训练才能达到"理性"的标准?与高贵的理性对应的是感性,高贵的感性有何价值?两者是相互排斥的吗?当下社会,缺乏高贵的理性的现象有哪些?

其次,"无限的潜能"。既然潜能是隐性的,如何知道"无限"?隐性变成显性,关键在发现。一是自我发现,二是被发现,通过什么机缘发现?发现与实现之间是可能与必然的关系,路在何方?最后回到命题:这是一个全称判断,是否正确,可以用演绎推理,使判断成为结论。但形式逻辑有局限性,只有用辩证法,从两者的关系中探索联系的根据和条件。于是对命题设定三个问题:

(1)什么是"人都有高贵的理性和无限潜能"?

(2)怎样使两者辩证统一?

(3)这个命题有什么意义?

这就是问题教学对老师的要求,如果缺乏形式逻辑与辩证逻辑的学养,问题教学就会流于肤浅、呈现碎片化。

(三)过程与方法

问题教学是众多教学方法之一,理论依据在于问题能激发学生思考,帮助学生理解所学的基本知识和掌握基本技能,形成基础知识及实践经验。进而提高解决实际问题的能力。

如何提高学生的解题能力,是有效教学的核心问题。解题能力并不是孤立单一的,其背后是学科素养和问题解决能力。一旦学生解题能力得到提高,一切问题才可能得到解决,教学成绩也才可能水涨船高。其实社会对学校办学效果或者教师教学效果的评价都离不开这个。提高学生解题能力路径或许有很多种,比较典型的有两种方式:第一种是先模仿后感悟,通过做大量题目来达到目标,此方式见效比较快,但是后遗症也不少;第二种是先理解后实践,时间分配虽然不同,但以理性指导解题实践,不仅提高了思维能力,又能克服大量的作业负担。问题教学属于第二种模式,一开始会挑战教师、学生能力,增加教学压力,但当问题教学法运用得当,不但能减轻师生的负担,而且也将提高学生处理实际问题的能力。

教师行业有一句耳熟能详的话:教学有法,教无定法,贵在得法。那么,问题教学是"有法""无定法",还是"得法"?

问题教学,首先是"有法"——

1.无问而问

以教材中的关键词为节点,以设问设答联结,形成逻辑链条,步步推进,最后回到关键词。

2.有问而问

(1)抓住关键词提问,指导学生在文本中寻找关键词的条件与根据,再予提问。

(2)教师示范,授之以概念观和方法论,作例证分析,然后放手让学生作深度阅读,再予提问。

(3)要求学生寻找关键词,对概念外延进行划分,以课文的条理、脉络确证,再予提问。

(4)训练有素以后,阅读能力提高,要求编写提纲,抽查完成情况,再予提问。

3.问题的形式

(1)是什么?——判断问,理解词义、定义。

(2)怎么样?——分析思辨问,分析关键词的条件、关系,对于文学作品,则从形象语言的塑形与表达手法技巧与内容等方面研究条件和关系。

(3)为什么?——本质意义问,分析教材的科学价值、人文价值、审美价值。

　　"三问三解"指向教学全过程。它基于具体的教学目标(包括学年目标、学期目标、学段目标、周目标、每节课的目标等),在备课、上课、练习、作业、复习、考试等环节,都强调落实对某种或某类知识(现象、道理、规律等)"是什么""为什么""怎么样"的讨论和追问,使学生"知其然""知其所以然""知其意义与价值",引导、促进学生形成问题意识、探究习惯和创造精神,形成有效的学习方法、思维方法和应考方法。

　　"教无定法"不等同于随心所欲,而是先有前提条件,再谈"教无定法"才有实际意义。"教无定法"应该包含两层含义:首先,保证完成教学目标前提;其次,众多教学方法之中选择最合理的教学方法——教法因学生而定、教法因内容而定、教法因情境而定。"教无定法"不是新课程的产物,"教无定法"是永恒的课题。它告诉我们教学方法不能单一化、模式化,应该保持多样性、创造性,尊重教师的教学风格,给予教师更多的创新空间,实现教学整体性与个性化的良性平衡。而且无论选择哪种教学方法,核心问题不能变,那就是培养目标不能变,才能保证教学的有效性。

　　"贵在得法"不是回到原点。"得",指有高度的智慧、熟练的技巧,不论什么法,都得心应手、左右逢源,并形成自己的教学风格,这是教师成功的一个标志。

　　科学家爱因斯坦也是一位杰出的教育家。例证是他画的两个圆,大的是自己,小的指向他的助手。助手问老师,作为一个科学泰斗,为什么每天还在没日没夜地思考?他没有直接说出答案,而以两个大小圆问题去问学生。从这个例证中,我们是否可以下一个判断"一个好的问题,比答案更重要"呢?

　　问题教学可以说是最大的"法",通过问题的提出与解答,完成教学任务。问题教学方法繁多、没有定法,不同学科有各自不同的方法,不同年段有不同的手段,给教师留下极大的活动空间。应该说,问题教学就是"有法""无定法",更是"得法",至少现在找不到比这种教学方法更理想、更可操作、更有效的教学方法。

（四）问题与实践

　　问题教学的关键是设问。设问的优劣直接影响学生的思考质量,没有思考质量的问题教学毫无意义,如何设置有效问题是问题教学成败的关键,有效设问是问题教学的第一核心问题。

　　最常见的设问如"为什么",其优点是能了解学生的各种创造性的想法,而弱点是问题目标不明确,造成思考角度比较分散,达不到问题教学法需要的效果。这说明设问要有目标意识,特别要根据教学目标来设置,才能保证学生思考处于可控范围之内,只有如此,教师"导的功能"才能真正得到发挥。对于学生提出的可控范围之外的思考内容,教师不要轻易下结论,奇迹经常出现在不按常理思考之中。

问题教学法不能为了设问而设问,设问只是手段而已,其真正的目的是引导学生思考,了解学生思考的情况。师生交流是了解学生思考情况的重要途径。问题教学法注重操作步骤,即根据教学目标设置问题,再通过师生交流了解学生思考情况,判断是否指向教学目的,如有偏离,应及时调整,重新设问。

教师在教学过程中,大多采用问题教学,但在一节课教学过程中,教师设问往往缺乏统筹、预谋、预设的规划性,临场发挥的随意性使问题教学异化为新的形式主义。

为了使问题教学落到实处,学校对教案和听课评课等方面进行深入检查,以判断教师落实问题的教学责任。问题教学常规常态化的最终目标是树立教师教学的问题意识。

但是,高效问题教学存在的困难又不只是意识方面的,还涉及问题与教育智慧,问题与方式、方法、技巧等等之间的平衡关系。问题教学提出来那么久,需要形成一套理论来指导。现实告诉我们,只有深入研究才能构建问题教学的理论体系,因此,我们提出把问题教学纳入"学科哲学"研究的范畴。

第四节　人才观:一个都不能少

一、"三进三出"之路

让每个学生都能健康成长,让每个学生都能梦想成真,这是教育的责任。但是"人间万事出艰辛",一切美好梦想的实现,都需要不懈的艰苦努力,都需要不断的探索实践。

"学生第一"办学理念要落地生根,必然要求因材施教。因此,学校提出"三进三出",即低进中出,中进高出,高进优出。三进,是学生的起点;三出,是教育的目标。"三进三出"由起点启目标,是对"看起点、比进步、论贡献"评价激励机制的进一步拓展,也是学校教育教学工作的重要抓手。

想要切实实现"三进三出"目标,就必须突出重点,明确任务,科学定位,向办学理念要质量;就必须全程管理,全面管理,全员管理,向科学管理要质量;就必须激发主体,有限练习,善用考试,向高效教学要质量;就必须强化研训,强化学习,强化反思,向教师成长要质量;就必须深细备课,务实上课,落实辅导,向细节落实要质量。

(一)激发学生潜质

德国教育学家第斯多惠说:"教学艺术的本质不在于传授本领,而在于激励、唤醒、鼓舞。"爱因斯坦也说:"发展独立思考和独立判断的一般能力,应当始终放在首位,而不应当把获得专业知识本身放在首位。"教师首要的、最核心的任务是激发学生的主观能动性。

1.要唤醒、激励、鼓励学生

学生愿意学、想学才能学好;学习成功的真正秘诀是兴趣,兴趣变为志趣,志趣化为理想,理想成为动力。真爱学生是教育成功的全部技巧,激发学生学习动机是老师的应有办法。

2.要深刻认识到,没有无教育的教学

要有宏观的教育视野和博大的教育胸怀,把教学放在教育、放在立德树人的维度中才能真正起作用。教师要带着自己的教育思考走进课堂,明确教书是手段、育人是目的。良好的教育会增强学生的自信心,激发向上,助推成功,引导自学,培养兴趣。鼓励创新人才的培养与成长,既在于方法,又在于观念;既靠勤奋,更靠思想。

3.要分析影响学习的因素

学生成绩不佳,要分析是学生学习方法与习惯的问题,还是学习情绪与心态的问题,也要分析是教师授课水平的问题,还是学习环境、家庭环境的问题。所有这些问题,都源于对学生学习状况、状态和言行的基本观察和判断。

4.要动起来解决问题

学生的种种问题早发现,才有可能早解决。通过谈心查找问题的根源,或进行亲子关系诊断,或进行心理健康诊断与干预,或进行教学调整,或进行针对性的能力诊断训练、适应性训练。问题解决了,压抑消除了,才能激发学生的潜能。

5.要培养注意力

保持注意力是课堂高效的关键。教师要宽严相济,恩威并施,德学并重,启导有方——导以思维,导以方法,导以规律,导以能力,导以创新,导以兴趣,导以意志,导以目标,导以理想,导以激情。

6.要培养学生意志品质

要培养学生高远的目标意识、正常的竞争意识、高度的社会责任、坚强的意志力、良好的行为习惯。有了坚强的意志和高尚的品质,才能持续自我激励、行稳致远。

(二)和谐师生关系

师生关系不能在知识权力笼罩下,成为双向互动主体错位;在新时代,师生关系在人格层次上是平等的,和谐师生关系应该以相互尊重为前提。

1.要对师生关系进行现状分析

教师关心人还是关心分数,是为学生筹划还是包办代替,是否在学生考不好时才找学生谈话,是否总想事半功倍或推诿责任,对不同学习层次学生的面孔是否不一样?师生之间是否感情淡漠,缺乏沟通?福建省泉州市永春县美岭中学每位老师每学期与学生谈心上千次,做到"心中有学生",值得我们借鉴。

2.要用马斯洛需求观把控师生关系

美国人本主义心理学家马斯洛认为,人有生理需求、安全需求、情感需求、尊重需求、自我实现需求(成就感,自我效能)等不同层次的需求。师生关系同样有相应的层次,可以以此定位、把控、升级师生关系,在尊重的基础上构建相互实现、相互成就的关系。

3.要构建新课程提倡的师生关系

教学过程是师生交往、共同发展的过程,应建立"学习共同体";重建人道的、和谐的、庄重的、平等的师生关系,倡导合作学习。教师对学生应有熟悉感、和睦感、理解感、信赖感,学生对教师应有接近感、安定感、共鸣感、信赖感。

（三）确保课堂高效

1.要深信教育成功的秘诀在于尊重并相信学生

要思考学生成绩不理想的主要责任在谁。课堂是学生增长知识、开发智慧、提升能力的摇篮，真正留给学生记忆的不是教师教了什么，而是教师怎么教的。要把课堂还给学生，对学生少讲正确的废话，应给学生乐于思考的时间。

2.教师要简化课堂

教师的角色是组织者、引导者、服务者、合作者；教师的个人素养要有理论功力、人格魅力、实践能力、课堂观察力。

可以借鉴教育学者魏书生课堂教学10条原则：一是潜心备课。二是确定三类不同的教学目的。三是讲授不超过20分钟。四是新课学生发言不少于10人次。五是学生动笔不少于10分钟。六是处理偶发事件不超20秒。七是每节课后找一两名学生谈话。八是布置三类不同层次作业。九是下课不马上离开学生。十是备课本上每节课后写一句：成功在哪里？

3.课堂教学要增智

平庸教师教给学生知识，优秀教师教给学生能力，杰出教师教给学生智慧。要根据不同学生群体的特点，明确"教什么""怎么教"，达到学生"学有所思，思有所悟，悟有所成，成有所创"的效果。重点培养学生观察事物、思考问题、分析问题、解决问题的能力，提高听说读写的语言表达能力。

可依据生态课堂的十个标准去反思增智：组织教学、教学目标、教授条理、问题教学、激励学生、师生主动、学生实践、学法指导、教学资源、教学手段。

4.要调动学生学习积极性

教师要能够用情于学生、用心于启智、用力于导学，就要善于抓住以下时机：当学生有兴趣时、当学生受到批评时、当学生被信任鼓舞时、当学生有更高自我期待时、当学生被压抑控制时、当学生不断取得成功时、当学生被老师充分信任时。

5.教法学法一个不能少

要紧紧抓住教学原则：学生主体，教师主导；提高素质，教书育人；有教无类，因材施教；减轻负担，提高效率；注重双基，培养能力；培养兴趣，启发思维。

要紧紧抓住学习原则：由浅入深，循序渐进；温故知新，熟能生巧；专心致志,锲而不舍;博学多闻,注重积累;独立思考,刻苦自学;不耻下问,学而不厌;学以致用,学用结合;系统掌握,探求规律。

要紧紧围绕"教是为了不教"做文章:把教学生学习作为教师备课的一项重要内容;学法要行之于教案,教之于课堂,习之于练习;理科每周一节解题方法训练课,文科每两周一节学生自学示范活动课;每月一次"教会你学习"专题学法讲座,班级每月一次"我是怎样学习的"主题班会。

(四)打磨课外功夫

1.要补足课前环节

养成"四先四后"学习习惯:先预习后听课,先复习后作业,先分析后解题,先理解后记忆。学生要预习,教师要导学,课前是思维创新,课后是验证教师的思维,课前预习不仅能提高听课效果,更重要的是培养学生自学能力。教师导学要贯彻"概览,提问,阅读,复述,复习"五步阅读法,即全面了解,找出重点,细节学习,加强记忆,检查效果。课前预习也是作业,也是研究性学习,教师应严要求,让预习成为一种习惯。

2.要多次备课见真功

教师备课至少要经过三次历练:第一次不看教学参考,自主备课;第二次广泛涉猎,去粗取精;第三次边教边改,不断精进。

第一次备课是原生态解读,原生态设计,可以展现教师素质;第二次备课是他山之石可以攻玉,汇聚百家之长,对第一次备课进行升级,可以提升教师能力;第三次备课是实践与反思,否定之否定,螺旋式成长,可以提升教师境界。

3.要开放课堂

教师应做实践性研究者。开放课堂是骨干教师历练的平台,有助于我们敞亮视界、提升理想、深入探索。要从模仿开放之形转为把握开放之神,做到活而不乱,实而不死,形散而神不散。

4.要推进有效练习

过量作业是无效劳动,太多太滥、难度过大、讲评不到位、审题训练不到位、表达训练不到位等现象应予纠正。要精选练习,杜绝快餐式教辅书,淘汰错题、超纲题、重复题。实行分层作业,做到有练必改、有改必评。落实审题训练,强化规范答题,错误不重犯。

5.要善用考试

要善于发挥考试的检测、诊断、导向、激励功能,控制考试次数、调控考试难度,既给学生压力,又给学生信心。抓好试卷讲评、重视考试分析、强化考试技巧。推进"考后满分",改正补强。

(五)提升教师素养

1.要有专业精神

温家宝曾说:"教育应当培养仰望天空的人。"仰望和关注天空,就是要放眼世界,瞩目未来。要做一名有追求的教师,具有诗性气质、理想追求、青春活力和创造冲动。

2.要有合作精神

"为公就是最大的为私"——学校发展了,人人都受益。处室工作要分工合作、井然有序、荣辱与共、同舟共济;教研活动要虚心求教、博采众长、资源共享、交流协作;中心听课要检查教案、评课品课、约谈帮扶、共同发展。

3.要善于反思

"吾日三省吾身",让反思成为习惯。教师要反思课堂的六个方面:课堂氛围是否和谐、是否关注每位学生、是否尊重学生的主体性、教法是否有效、导学是否落实、学生思维是否开启。

4.要形成观念体系

掌握教育心理学,树立人本观、教育观、人才观、教学观、师生观、备课观、教材观、作业观、考试观、质量观,形成自己的职业观念体系。观念体系一旦形成,教育教学便不再盲目。

5.要锻造人格魅力

人格优于知识,人格魅力胜于金牌。教书者必先学为人师,育人者理应行为示范。要树立现代意识,真诚、信用、奉献、宽容、正直、责任、忠诚等品质是无价之宝。让学生喜欢你,喜欢你的课,喜欢有你的学校!

演讲能力应成为教师成功的利器,学习应成为教师生活的习惯,研究应成为教师乐趣之所在,创新是元素组合。我们深信:有眼界才有境界,有实力才有魅力,有思路才有出路,有作为才成功。

总之,要依据"三进三出"的"图径",踏踏实实推进教育实践,不断在实践中探索,探索中反思,反思中改进,就一定能实现"三进三出"教育目标!

```
┌─────────────────────────────────────┐
│      课程标准、教学要求说明、教材       │
└─────────────────────────────────────┘
                    ↓
┌─────────────────────────────────────┐
│      考试大纲、考试说明、教辅资讯       │
└─────────────────────────────────────┘
                    ↓
┌─────────────────────────────────────────────┐
│   中高考要求学生掌握的知识、技能、过程、方法      │
└─────────────────────────────────────────────┘
    ↓           ↓           ↓           ↓
┌────────┐ ┌────────┐ ┌────────┐ ┌────────┐
│强化管理：│ │问题教学  │ │激发主体  │ │分层作业  │
│导师制、兵 │ │生态课堂  │ │目标教学  │ │善用考试  │
│教兵      │ │高效教学  │ │学生自学  │ │精批精评  │
└────────┘ └────────┘ └────────┘ └────────┘
    ↓           ↓           ↓           ↓
┌─────────────────────────────────────────────┐
│  学生梳理、消化、吸收，形成结构化知识体系、能力    │
└─────────────────────────────────────────────┘
```

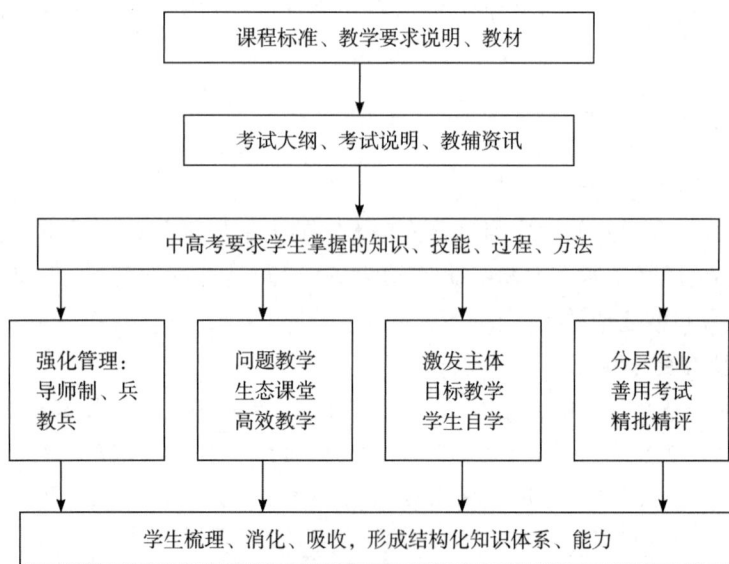

"三进三出"的"图径"

二、"四特生"培养

人才概念的内涵是丰富的，因此人才的外延也是多样的。以哲学的角度辩证来看，人才所具有的知识是多元化的，知识可以多而广，也可以少而精；人才所具有的技能也是多元化的，可以是人文科学，也可以是社会科学。同样，创造性的劳动也是多元化的，可以是传统的行业劳动，也可以是新兴的行业劳动。关键是有贡献，有贡献更加是多元的。

学生也是多元的，是充满潜力的，是未被打造的各种各样的"材料"。从人才概念出发，我们的学生是正走在成才的大路上。所以，老师们应该明确：我们不是没有人才，而是拥有许多可以成为人才的教育对象。

教育公平，既要有教无类，又要发展个性、因材施教。基于这样的人才观，学校要落实"学生第一"办学理念，高效促进学生发展，既要着眼于共性目标，培养学生德、智、体、美、劳全面发展的素质；又要着眼于学生品德发展、学业水平、身心健康、兴趣特长和实践能力等方面的起点，创新个性化的培养良方。培养方法应该是不拘一格的，因此，我们提出综合特优生、学科特优生、技能特长生、特定层次生"四特生"这组概念，对学生之"材"进行初步归类。有了学情的认知，"施教"才能事半功倍。

（一）综合特优生

综合特优生，是综合素质和各门学科都特别优秀的学生。这样的学生，要用大语文观、大教育观去鼓励、引导他们加强自主学习。

综合特优生有较广较深的学习需求，导师宜先在提出问题预习方案和指导后的综合概括中向他们提出明确要求，然后另行组织相关教学辅导活动。

采取导师制，三级名师育英才；成立互助组，让综合特优生相互砥砺，良性竞争。对综合特优生每一个可能突破的学科加以特殊灌溉，最大限度提升他们的学科素养和高考总分，为其实现进入一流大学打下坚实的基础。

综合特优生对基础性知识和拓展提高类知识有相对特殊的需求，在落实国家规定课程基础上，需要进一步协调知识传授，对课时比例、活动形式等进行周密严谨的安排。

学科竞赛是综合特优生的新的发力点。应更注重对他们的学科核心素养和若干学科拔尖能力的培养，为学生入选"强基计划"打下坚实基础。

人文底蕴始终应该成为创新后备人才的必要素质。学校应注重人文价值观培养，用好成长文集的引导、展示作用，引导综合特优生争取出个人文集，切实提升成长文集的质量，展现各方面的特长。

（二）学科特优生

学科特优生的基本特点是学生个性较强，甚至因性别而导致若干学科成绩不平衡。例如，有一些典型的"理科男"，英语学科或语文学科很弱，但他们可以获得省物理、化学或信息技术奥赛省一等奖；同样，有一些"文科女"，她们数理方面相对较弱，但英语或语文有特长。

我们的目标是让这些人的大部分进入他们的理想领域深造，帮助他们发挥天赋，成就他们未来之星的梦想。

对公共基础课、专业基础课的指导，可充分考虑"稳补强"的方略。稳，就是要稳住这类学生中等水平科目的成绩，再予缓步提高；补，就是要补上这类学生感到学习吃力的短板科目；强，就是要强化这类学生的优势科目。

具体落实方面，一要充分激发学科班长作用，学科班长不但是班级学科管理助手，更是学科学习领头羊，科任老师尤其要重点培养。二要提供门类齐全的学科竞赛平台，各个学科的集训和比赛，是提升、拔尖学科素养的重要途径,都要引导和鼓励学科特优生参加,力求学有所长。三要学科节"沙场秋点兵",让学生有展现才华特长的舞台,有了众多目光的关注,能进一步激发他们的学习潜能。四要典型推广,从学科特优到多科优秀,激发学习潜能,带动多科进步。

(三)技能特长生

多数技能特长生存在学业成绩总体较差之忧,优势常常体现在体育、音乐、美术等方面。对技能特长生的必修、选修课程要求,须落实课程标准中的底线要求,确保学业水平合格性考试门门合格,获得普通高中毕业资格;对涉及升学的选修内容,可适当降低难度,原则上按照平均水平70%难度设计并开展教学活动。要求太高,打击学习自信心;要求太低,容易导致自暴自弃。

对于技能特长生,要摸底发现建档,尽早发现其天赋;要保护与引导,保护他们的学习自信,引导他们往技能方面发展;要鼓励他们参加官方组织或认可的作文大赛、机器人比赛、创意大赛、体育比赛、器乐比赛、棋类比赛等各级别赛事;要开展丰富的社团课程、四节活动,让他们砥砺技能,施展特长,展现风采,并从模仿转向创新。

(四)特定层次生

特定层次生是高考成绩位于特殊类型控制线(原本一线)上下的学生群体,他们的基本特点是没有特别优势科目和技能特长,基础课与专业课成绩一般。我们的教学落脚点是帮助他们进本科院校乃至重点大学。

对于特定层次生,要组织师生共同进行落后原因分析、进步条件分析,发现其优点、培养其信心、养成其良习、指导其方法。导师要在落实学科课程标准的基础上适当降低难度,有效利用教材,理出主干知识网络,如此必有成效。要充分发挥进步奖的作用,发现、宣传其身上的闪光点,激发其上进心。

可于周末、假期另行组建爱心班,或到校学习或网络授课,全力指导他们在"扎实学生的基本知识、基本技能,提升学生分析问题能力"上下功夫,且渗透其对若干知识点"提升解决问题的能力"等要求,并推行兵教兵,组建互助组。

总之,"四特"学生培养,其关键是学习班组成,可以充分利用假期与网络重组学习班;其基础是分层教学,即教材中的基本知识、基本技能,重点提升学生分析和解决问题的能力,包括特长科目的扩大和深化两大基本层面;其要点是学与导的方式方法;其难点是对应于不同科目、不同要求的教学指导安排与落实。

人才培养要符合社会组织、生产与服务的结构需要。行业各有所别、各有所需,而人各有所长,人才标准的广义概念,就是为社会培养合格人才。知识经济迅猛发展,新的领域不断被发现、拓展、深进,快速新陈代谢成了新时代的特征。教育面向现代化、面向世界、面向未来,既要满足当下对人才的需求,又要有高度的前瞻性和全球性视野。

在教育生态环境里,素养教育一方面给足养分和条件,另一方面又创造自由发展的可能,这才能为分层选拔提供更大限度的自由。学校一定要打开思路,依据不同层次的学生的学习发展需求,充分调动重整包括网络在内的各种资源,为学生发展实施相应的教育策略。从而让每个学生都变得更加优秀,都成为更好的自己。

第二章

学生第一的素养培育

第一节　核心素养

哲学是文化之母,教育的制高点应该是学科哲学。晋江一中高举"学生第一"的办学理念旗帜,弘扬学校优良传统,策动教育改革求新之路,以哲学的思想和智慧提高教学水平和课堂实效,落实学科核心素养培养,实现办学质量的提升。

一、问题的提出

当今世界的两大特点是概念时代悄然来临和人工智能的突飞猛进。在创新的驱动下,人类正与时间赛跑。中国如何领跑世界、如何创新？这是教育必须紧迫回答的问题。

在考虑这个问题之前,从钱学森之问出发,回顾他的那个时代,从西南联大的教育,追溯到中国古代的教育,我们会惊奇地发现,以"小学"为基础的国学竟是传统之源,许多科学、艺术、文化的前辈大师,无不因基础夯实于"小学"而卓有成就。

朱光潜的《咬文嚼字》一文,更有力地佐证了汉语的修养和造诣才是阅读、表达和创新思维之根本。多年来,在普通高中教育改革实践中,我们另辟蹊径,思考如何从课堂教学的文本阅读出发,不但能摆脱社会语言环境的混乱迷蒙,改变碎片化、实用性、功利化教学弊端,更能从根本上在文本中汲取丰富的知识与思想资源。

二、解决问题的过程与方法

(一)总体思路

首先研究文本文体语言表达的共性和个性特点,其次研究认知活动中语言与思维活动的辩证关系,进而从文本的关键词语、核心概念与语境的有机生成,研究完整、准确、科学的表达必须遵循的原则:语言概念一旦确立,就必须从语境中寻找发现其确立的对象、关系、条件和根据,这就把认知性阅读带入并提升到语言的形式逻辑与思维的辩证法训练。

概言之,我们研究的思路归结点是"深度阅读与表达"这一核心概念。

(二)过程方法

1.阅读三步法

这是教师讲读课的三步法,又是要求学生预习的三步法:

(1)标题是开启文体阅读的钥匙。各学科文章的标题无不是对文章内容的浓缩、概括,文学作品虽另具特点,也大致如此。我们要求在阅读伊始,即将注意力驻留于对标题进行审视:标题语言单位的语法分析、语义分析;然后是从语言逻辑学角度进行分析,即从概念的内涵与外延进行分析。

(2)从文章学角度,思考标题所提供的题材,表达的内容范围、目的意图及阅读对象的针对性等。

(3)以标题中的核心词语为问题源,提出三问后,导入正文阅读。阅读后回归标题,以验证文章表达效果。

这是教师讲读课的三步法,又是要求学生预习的三步法。

2.语境中的概念生态研究

概念只有在表达中才能产生思想力量、审美品位。语境是概念的生态环境。所谓词不离句、句不离群,众群汇聚核心,表达始有主题中心、精神灵魂。好的表达,既有封闭性,又有开放性,能给读者留足启悟与想象的空间。

概念生态的内部机制由认知的规律决定,即由世界观、方法论、思辨性、逻辑思维与形象思维之间的结构关系和运行方式决定。词语概念是抽象思维的文字符号,数字公式、图形及其他的文字符号等,也是表达各种现象的抽象概念。概念只有置于表达的语境中,才有存在的根据、理由和生命。人类既有思维的抽象概括能力,又能使思维内在语境化为外在语境,于是表达才有理性之美与具象之美。

大道至简,万象归约。正因为如此,人类才有了无限的创造、想象能力。

3.知识的系统与结构

世界各有系统,又以各类核心组成繁多的结构。知识日积月累,认知活动如果缺乏系统、结构意识,就会成为伪认知,就如大脑中的各种"建筑材料"胡乱堆放,却从来不用来"盖房子",那么大脑只会变成"废旧材料垃圾场"。通过概念内涵挖掘与外延划分,阅读要完成知识系统梳理与条理建构。由此引入提纲编写,从阅读提纲到表达提纲,思维活动在概念的推动下进入二次思考升级,这既是思维规则的训练,又能在融合有机结构中修正、完善思想。

4.概念观的建立、解读方法和知识工具的使用

概念观建立的根据来自思维与语言的辩证法。汉语之所以是所有语种中最具生命力与魅力的语言,源自汉语的表意性与强大的造词功能。解读好一个核心概念、一个核心词语,往往又可以推演出新思想、新见解。

学而知不足,这就需要找工具。随着学力的提升,不仅要善于使用工具,还要善于寻找工具。工具大体有通用工具、各类学科专业工具,以及思想工具(如哲学)。学生离开学校之前,最重要的是要教会他们如何使用工具、寻找工具。人一辈子最需要阅读的是工具书,因为它可以让你在离开学校后还能继续自学成才。

三、成果的主要内容

(一)理论创新成果

概念有二重性:一方面,它是对事物概括抽象的结果;另一方面,经物质外化,它形成词语概念,具有交流的工具性。思想性与工具性一经结合,就形成了语言的二重性。因此,只有首先把语言概念作为思考研究的对象,才能使工具的使用娴熟于手、口、心。

概念解读法,一是对思维对象的语言概念作内涵、外延研究;二是在具体的语境中为概念的生成、存在寻找逻辑根据。认知教育与思维训练结

合,不仅是对深度阅读的要求,更是准确表达的绝对法则。因为思考一旦形成词语概念,或触发生成新的概念,就由概念形成思想,如此表达的语境就有了思想核心。

概念的衍生品之一是思维观,存在于语言物质外壳之内的是思想。思维从根本上说是语言思维活动。从思维到形成思想,必须遵循语言的本质与规范,有序地进行。

思维观,就是在深度阅读中,学习逻辑学与辩证法。

其次,用概念的解读方法,学科本质观、价值观问题也迎刃而解,学生的核心素养培养才有了真正的保证。

最后,汉语的词语概念,因为有表意特点与强大的造词功能,成为多民族家庭的文化基因。概念的解读,也有利于继承和发扬传统文化。

(二)实践创新成果

1.教学工程五章程:统筹性备课、思辨性设计、纲目式建构、创造性教学、科学性检验

五个环节,环环相扣,在统筹观带领下,把庞大而又复杂的教学工程整合为一大系统,使教师既有全局意识,又有务实的工作态度。务实的工作态度基于理性的实践,使教师自身的学养、进修、创新不断提升;又持续自我检验和反馈,并在反思中修正,从而使教学经验不断积累成熟。工程中最后一个科学性检验环节,又分为三个等级:

(1)优良等级:

思辨出彩,娓娓善导,收放自如,擒纵有招。(思辨型)

旁征博引,启智启美,罗盘导航,百舸争流。(博学型)

高屋建瓴,驭繁就简,运筹谋划,点金有术。(简约型)

(2)合格等级:

课堂活跃,目标代渡,哲思入门,青涩待熟。(代庖式)

情趣有余,理性欠佳,课堂匆匆,完成达标。(赶场式)

身先创新,求是不足,亡羊补牢,挽救有方。(跳跃式)

(3)待合格等级:

照本宣科,平淡刻板,墨守成规,思想贫乏。(下上等)

弄巧成拙,捉襟见肘,草草收兵,匆匆过场。(下中等)

谦诚失守,固执傲慢,自以为是,一言包揽。(下下等)

说明:

（1）教学评价是综合性评价,包括课程价值目标,教学思想,教学作风,教学方法、技巧,学养品德等。

（2）三个等级差距:优良者是名师品位,与其下的两个等级差距最大,给教师很大的成长空间,也是教师终生的追求目标。

（3）评价的公约性评价:各等之内的评价有模糊性,有伸缩弹性,又可有各种排列组合,但又不能太精细化,否则就拘泥于刻板与绝对。

第三等级人数不会太多甚至没有,却有警诫作用。重新排列组合,从"下上"至"下下"之间会有兼容交叉,突出表现为无视课程目标要求。

（4）评价与哲学:名师必有哲学智慧,自觉与不自觉地在应用哲学。这就为另两个等级指出了学科哲学的引领方向。

2.课堂教学五步骤

落实概念与文本导读程序五步法,改革阅读教学。

第一步,审题导入。审明题意与范围,明确立意或立论,明确体裁与表达方法。

第二步,概念推演。处理概念与内容之间的关系。发现核心词语并理解,探究概念被支撑的根据、关系、条件,把概念从抽象的概括还原为具象的丰富,总结认知规律与方法。

第三步,认知建模。要以"是什么,怎么样,为什么"构建问题式认知;同时保持开放性,以不断的追问,激发一念非凡。

第四步,探寻价值。探寻学科文本的文化价值（从文明进步的角度）、科学价值（从科学发展的角度）、人文价值（从人的实现的角度）、审美价值（从审美意义的角度）。

第五步,反馈检验。评价科学与人文价值与审美价值,在历史谱系中客观公正地评价科学家、作家、艺术家。留出课堂时间检测教学效果。

运用五步法要注意三点:一要把符号、图形、公理、定律、公式、方程等作为概念来解读;二要通过示范导读,培养学生的自学能力;三是不论什么科别、课型,不论采取什么教法、学法,都必须按照五步法程序操作。

3.教与学两法则:求新求变求道法,乐思乐学乐收获

（1）三求:求新求变求道法。

强调教学方法要不断革旧创新、化旧出新,在教与学的本质规律中研究方法论。变的是教师不断精进、求索、实践,在旧我中不断新生、提高。变是世界大趋势,在顺应与挑战日新月异的变化中,使中国教育在实践、手段、方式、方法等方面实现创新。

（2）三乐：乐思乐学乐收获。

在健康的学习心理引导下，有学习的热情，有对知识的渴望，通过外因的诱发、诱导，促使内因变化，以刻苦勤奋获得成绩，不仅获得自信、自强的快乐，而且培养由苦生乐的能力。

在学科哲学探索实践的过程中，我们相继编写完成了《学科哲学探索与实践》《学科哲学教学大纲》《学科哲学深度阅读写作系列文集》《学科哲学精品课教学设计汇编》《学科哲学哲理故事汇编》等系列文集，促进了教师哲学修养的提升和专业成长。教师在《中学语文教学参考》《教师月刊》《教育研究与评论》等刊物上发表教学研究与改革论文四十余篇，在教学技能大赛、公开教学、中高考备考活动中，充分运用哲学思维，落实概念观、方法论，从试题研究、学术前沿、学情分析、学法指导、信息运用等方面加强研究和实践，取得了初步成果。

学科哲学探索实践，是力求站在哲学的高度看待、认识学科和学科教育的价值和问题，构建学科思想观念、学科思维方法和学科精神文化，并把这些内容与学科知识相结合，有机融入学科教学之中，培养学生敢于发现问题、勇于分析问题和善于解决问题的能力，培育学生理性思维的品质，激发学生创新创造的潜能。实践中，取得了良好的社会效应。

第二节　素养梯度

一、素养梯度的理念

归根结底，一切教育都是自我教育，需要从内心发现、确证自我；一切教育最终作用于个体的心理世界，需要发展心理素养；一切教育都通过人的行为实践表现出来，需要用故事记录教育成效。

（一）自我的发现

人类第一次从静水中看到了自己的倒影，肯定是个伟大惊奇的事件。从此磨镜、制镜，但是透镜、棱镜、望远镜等，既无法满足眼睛的欲望，所以人们又以数学、物理工具在宏观宇宙中窥探微观世界中的粒子、暗物质,以满足"看见"。

需要不断返回原点。以历史、文化为鉴,以成功者和失败者为鉴,观照自我;从脑神经细胞到基因遗传学,研究以看到思想意识的生理、心理、原理。

如果宇宙有知,一定大惑不解:为什么在地球这个小小的行星上,会进化出人类这种高智能生物,并成为主宰?殊不知人类自己也大惑不解:常常告诫自己要有自知之明,却总难以真正彻底地了解自己。

答案其实并不重要,重要的是进化中永远拥有一颗好奇心,并一次次在挑战自我、发现自我中惊喜。

眼耳鼻舌身意,能直觉、感觉、知觉、悟觉以至于灵觉,原来生命有无限的丰富性,又以丰富的内涵绽放美丽的个性之花。

通过生理、心理实验,可以培养出敏锐度、细腻度、分辨度、通觉度、联想度,激活奇思异想。

更可贵的是反思。例如,什么是生命的主权?

回答或许是:生命是燃烧,却不能去纵火;是独立意志,却不逆反作对;是享受自由,却严守以他人为界;是怜悯大爱,却不贪婪依赖;是求新创造,却不碌碌平庸。

又如,什么是生命的存在?

回答或许是:踏石留痕,走自强之路,确证自我。

于是总结为"三观"塑形。"1"竖成脊梁,"1"横道路长,双肩担"一"大而重,人行天地间,应有担当。分母托"1"是为尊,"1"后有"0"是海量,一生二、二生三……生命的量,二进制,实实虚虚,智能化。

(二)心理素养

教育是时代的晴雨表。如果不同时代的教师一起谈教育,大概都会感叹各自经历中的风情、雨情。

教育是意识形态最重要的一个门类,上层建筑被经济基础决定。因此,教育变革过渡时期伴生特殊现象,以此审视教育功利主义,就没有什么可大惊小怪的了。可喜的是,心理教育正在逐渐复位,逐渐被重视,发现它比认知教育更重要,因为教育最终培养的是健全、美好的人格。如果人才战略忽略了人格培养,压死骆驼的肯定是这样一根"草"。

亚里士多德有"四因说",研究什么是事物的变化:实体或本质,是形式因,质料、材料是质料因,使其变化是动力因,目的或善是目的因。

马克思主义哲学概括得更明确、简洁:实事求是,主观能动,客观规律。引入教育,仅"主观能动"就无比复杂。

学生和教师各为主观,又互为客观。教育如何使各为主体的主观达成默契,互相呼应,互为需求,目标一致,最后合作共赢,这大概就是教育追求的最佳理想境界。

其次,世上最能动的是人,生命每时每刻都在变化活动,动态能量都来自心理活动。肉体是硬件,心灵是软件,软件赋能硬件。因此心理学某种程度上说,就是"主观能动"学说。

"实事求是",就是从现象研究本质。软件的本质是认识(感觉、知觉、思维)、情感和意志,以及由此形成的性格心理特征和能力。

智能化时代遇到的最大挑战是如何设计心理软件。一千万个人有一千万个个性,设计出普遍人性的人工智能仿生人,无法独立地应对环境的变化,仿生人只能似人非人。

因此教育特别伟大与崇高,尊重每一个个性,在保护个性中培养高尚的人格。

人们接受这样的观点:天才,要有99％的汗水。"汗水"指的是努力,努力靠意志力、专注力和持久力。《一念非凡:科学巨擘是怎样炼成的》一书中的许多科学家、发明家的发明创造,几乎都始于"一念";紧接着是专注,坐得住,静若处子,但心里刮着风暴:对未知的好奇渴望点燃炽热之情,以强大的定力排除干扰,调用已知的库藏攻坚克难。即使一次次败下阵来也不气馁,凭借强大的自我挑战能力让他们最终进入科学的奥妙殿堂。因新的发现大惊大喜,而惊喜是对科学之美的赞叹、欣赏,使自我价值得到肯定,并乐在其中。

这是来自心灵的快乐享受。审美无功利,因此不自诩、不自我膨胀。科学态度和科学精神与诚实相连,与谦虚结伴,自己的"一念非凡"无非沧海一粟。

对于为人类做出卓越贡献的科学家,我们更需要学习的是他们强大的心理能量、美好的性格特征、稳定的个性气质,以及由此铸成的人格之美。

这些顶级的科学家,不论原先深耕科学、人文领域还是擅长艺术领域,最后都潜入哲学,成为广义的哲学家。

哲学世界观化为人生观,是生生不息的奋斗,在成就和荣誉面前虔诚、谦虚,在价值最大化中淡泊名利。

信息经济时代,守住心理素养培育就是守住了教育定力。功利化使人异化、丧失自我,学生也难逃其患。教育的一切目的和手段,说到底就是让学生学会认识自我。

我们按年级划分素养梯度。心理成熟的年级性标志是信仰和情操。三观确立,并内化为人文情怀、人生境界和胸襟。素养梯度有一定的主观性,但以尊重为首,大体上顺应学生心理成长轨迹。

罗丹说,雕塑就是把多余的去掉。人才培养当然不是雕塑,但"可塑性"之"可",却给教育留下无限美好的想象和创新空间。

(三)实践开花,故事收藏

"学生第一"内涵,要求教师由对学生保持热情态度,进而改进教学作风。

北大哲学教授金岳霖有一个"一句话"的故事。

有一次,北大学生会评选好老师。主持人问:"有一位教授上课说得最多的是一句什么话?"学生异口同声:"我说清楚了没有?"

热烈的掌声之后,主持人又问:"老师为什么不问'你们听明白了没有?'"学生齐声回答:"谦虚、尊重!"

金岳霖教师话语不多,不苟言笑。授课时常常在讲了一个段落后,便停下问学生。当学生回答"听明白了",才继续往下授课。久而久之,"我说清楚了没有"似乎成了老师的口头禅,但是不厌其烦的这一句话,获得了学生的广泛赞誉。金老师虽然研究高大上的哲学,但教学作风体现了他的平易近人的风格,其背后是他的道德、思想、品质,留给学生的是一个好老师的形象。

由此可见,态度是多么重要。

习近平总书记曾对新闻工作者提出"四力"要求:脚力、眼力、脑力、笔力。

眼力、脑力指的是观察与发现能力、思考与分析能力,也可以概括为对人、事的态度;"态度"是对人、对事总的看法,有了客观、正确的看法,再"脚力"实践的行动验证;因为是新闻工作者,所以还要善于用正确、鲜明、生动的语言进行表达。

实践出真知,实践中开花。

学校推行文化故事,也完全符合"四力"要求。

人的记忆有四种:形象记忆、抽象记忆、情绪记忆和行为动作记忆。通过故事的编写和创作,既能强化这四种记忆力,又为"三会"提供了三个目标。

"三会"目标是会做人、会学习、会生活,这是教学的实践论。

从认知规律说,故事是由实践的感知、体验到理性的归纳、概括;从思维特点说,是形象思维与逻辑思维两者的结合;从语言表达说,故事是生活化写作的最佳训练。

学生生命成长的轨迹,老师教学的多姿多彩,收藏于故事中,成为岁月的美好记忆,又为一届届的学生提供丰富的教育资源。

二、素养梯度的目标

(一)素养梯度目标概念阐释

对素养梯度目标的内涵、外延进行充分的阐释,有利于师生理解素养梯度目标的意义,打开思路,并以此为标杆,开展活动、撰写故事、记录教育成长足迹。

1.初中

(1)初一年级:热情,态度

①热情

内涵:热心、热爱、热诚、热心肠、热望、热衷(爱好)。

外延:家庭生活的热情;学校生活的热情;学习阅读的热情;对人对事的热情。

②态度

内涵:举止、神情,对事情的看法与采取的行动。

外延:对父母、老师的态度(热爱);与同学相处的态度(热诚);行为做事的态度(热心)。

(2)初二年级:目标,守则

①目标

内涵:要达到的境地或标准。

外延:行为目标(守纪);品行目标(守德);学习目标(日进);守时目标(自觉)。

②守则

内涵:自我与共同遵守的规则、要求。

外延:守信的守则;守恒的守则;自励、自省的守则;督促共勉的守则;践行求真、求诚的守则。

(3)初三年级:涵养,眼量

①涵养

内涵:以理性控制情绪。能将外在的目标、守则,内化为理性自觉。在突发的情绪平息之后,找出引起情绪爆发的种种根据,久经训练,养成正确的待人处事的态度。

外延:为人的涵养;节制任性的涵养;控制急躁的涵养;精修的涵养;调整心态的涵养。

②眼量

内涵:扩大眼界,提升眼力,见识深,眼光长。

外延:学习的眼量;失败与成功的眼量;进步的眼量。

2.高中

(1)高一年级:人格,修养

①人格

内涵:性格、气质、能力特征,育成美的人格个性。

外延:公民人格(遵守法律、享受权利、承担义务);个性人格(独立、尊严、诚信、自由)。

②修养

内涵:理论知识、艺术思想达到一定水平,养成正确待人处事的态度。

外延:道德修养;思想修养;学问修养;做人修养;审美修养。

(2)高二年级:抱负,价值观

①抱负

内涵:远大志向,明确将来做什么事,要做什么样的人的意愿和决心,正确认识自我,科学规划自我,严格管理自我。

外延:特长抱负;优势抱负;潜质、潜能抱负。

②价值观

内涵:对经济、政治、科学文化、道德、金钱等总的看法,并指导人生价值,对社会有积极作用。

外延:科学文化知识内化为思想、能力、实践的科学价值与人文价值;自尊自爱自信的人格价值;善良、诚信的道德价值;自我实现与社会实现一致的人生价值。

(3)高三年级:信仰,情操

①信仰

内涵:信用,忠诚地遵守,信守的准则,相信并承诺。

外延:主义信仰;价值观信仰;人生信仰。

②情操

内涵:感情和思想的融合,成为不轻易改变的心理状态。思想专注而活跃,善解人意,通情达理,富有人情味,会欣赏他人,欣赏美的事物。

外延:生活情操;审美情操。

(二)素养梯度目标故事写作参考题

1.初一年级

(1)我的家庭购书活动;

(2)有了书房,家庭有了变化;

(3)一家人阅读,是一种好的生活方式;

(4)我为父母做好的第一顿饭;

(5)会生活从做家务开始;

(6)我是家庭中重要的一员;

(7)家中来客我招待;

(8)好的家风,从我做起;

(9)好的习惯从做第一件事开始;

(10)一个好的态度,改变了我的看法;

(11)生命的能量来自对生活的热爱;

(12)班级是我的大家庭;

(13)心中有热量,做事就有热心;

(14)我的热心肠给了他温暖;

……

2.初二年级

(1)老师口中的目标移到了我的心中;

(2)坐在车上,发现最远的目标是地平线;

(3)去爬山,发现最高的目标在高峰;

(4)时间是加法,又是减法;

(5)静下来的时候,我听到时间的脚步声;

(6)时间都刻在年轮里;

(7)我是一棵树,在年轮里长大;

(8)守约就是承诺守时;

(9)有了目标就要坚持;

(10)"水滴石穿",我的目标实现了;

(11)一懒就把时间懒掉了;

(12)妈妈不必为我操心,我学会了管住自己;

(13)好朋友就要指出彼此的缺点;

(14)说千遍万遍,不如做好一件事,养成一个好习惯;

……

3.初三年级

(1)你骂完了,就说说我错的原因、根据;

(2)有一次情绪爆发,妖魔跑出来了;

(3)一声"对不起"远远不是对自己的原谅;

(4)什么话都说出来吧,我一定好好倾听;

(5)哲学家说,因为我知道,所以有更多不知道;

(6)失败与成功都不应放大;

(7)成长就是不但看到分数,更看到我明天将会有的进步;

(8)我不但学会了用眼观察,而且学会了用心观察;

(9)心需要静养;

……

4.高一年级

(1)我可以不接受你的意见,但我尊重你的说话权;

(2)你狠狠批评吧,但请你不要损害人格;

(3)尊重别人,先从尊重自己做起;

(4)我是个志愿者,先想到的是如何感谢别人;

(5)欣赏别人是一种胸怀;

(6)道德就是常常为别人着想;

(7)眼睛是从观察中发现并辨别美丑;

(8)思想修养从勤于思考开始;

……

5.高二年级

(1)抱负就是把志向紧紧抱在怀中;

(2)人是学出来的,更是做出来的;

(3)再好的抱负也要做出来让自己与别人看到;

(4)认识自己,规划自己,实现自己;

(5)人各有所长、所短,抱负就是从克己所短、扬己所长开始;

(6)活得有意义,就是把意义化为言行、德行;

……

6.高三年级

(1)平凡的日子里总能有新发现;

(2)美的事物让我激动;

(3)我不媚俗,因为有美的崇高追求;

(4)父母说,体贴比关心更好;

(5)老师的一个眼神我就明白了;

(6)我不但懂得许多知识,我更通情达理;

(7)不要让"颜值"误导你的审美价值观;

(8)我终于为信仰找到了价值根据;

(9)我用一件事证明:最大的快乐是美的分享;

(10)信仰是仰望星空又俯视心中的道德律;

……

(三)目标故事内容评述、摘选

2014级初一年17班的庄嘉仪同学在进入一中后就明确了自己三年的成长目标:负责任,有作为。担任语文学科班长的她不仅在学习上严格要求自己,广泛阅读书籍,坚持每天写日记;同时也引领身边的同学一起成长、一起进步。

2016届毕业生陈小青回家对妈妈说:"初中三年,我们每个学期都有自己的努力目标,每个同学都清楚自己为之奋斗的方向。为了一起走进一中的高中殿堂,大家互帮互助,亲密无间。"

由于从小长在农村,蔡青云的阅读受到了局限。高一年刚进入晋江一中时,他的学业基础较为薄弱。他与同宿舍几位刚认识的同学一起,商量每天早晨5点30分就早早地起床,买好早餐,开始读书,并给行动起了一个名字叫"不赖床"。他们读语文、英语、思想政治,并坚持了下来。清晨的校园是宁静的,清风徐来,鸟语花香,蔡青云全身心地沉浸在书的海洋世界里。

施鸿锚在给初中班主任林丽霜老师的信中写道:"我的志向是认真对待每个人、用心做好每件事。"初一年班级参加心理情景剧,同学们积极准备,最后只得了个三等奖。几个女同学很不高兴,把奖状撕了扔在地上。施鸿锚弯下腰,默默地捡起碎片,粘接复原。她对小伙伴说:"留下它作个纪念,鞭策我们不断进步。"第二年,在施鸿锚带领下,她们不灰心丧气,不怨天尤人,再次登上校园情景剧舞台,终于夺得一等奖的好成绩。施鸿锚同学坚信,对未来怀揣希望,一路用心向前走,就是一个好人生。他们怀抱崇高的人生信条,以高贵的人格与修养修炼自我,在学习生活中砥砺前行,意气风发携手走进名校。(同为 2016 届,蔡青云同学录取于北京大学;施鸿锚高考 668 分,为晋江市理科第二名,自主招生加 10 分,投档分 678 分,录取于清华大学。)

高考后,李旭霖招呼了十来个伙伴,一起到化学实验室,再一次跟着老师一起做实验。李旭霖深情地说:"这里是我们成长的地方,在毕业前夕,我们最想重温当年留下的这些美好。"

"谢谢老师三年来的关心和帮助。"这是 2016 届苏琪红同学在得知自己高考获得晋江市文科状元后说的第一句话。"我们是同桌,如果我都不帮他,还要等谁来帮?这对我来说没什么,对天祥却很重要。"人高马大的吴乔泽平静地说。

开放视野,放大眼量,在哲学的视野里,追求"宁静致远"的境界,我们期盼每一个一中学子在生活中体悟,在体悟中警醒,在警醒中超越,在超越中升华。

这就是发生在我们身边的一个个值得讲述的故事。学生用热情、人格、涵养书写了求学路上的精彩人生,用至真、至善、至美诠释了成长路上的光辉人性。人文素养与科学素养两大教育目标旨在培育健全的人格和形成文明的修养,素养成长之梯就是要把路竖起来,行走与攀登相结合。

学生的成长有阶段性,阶段性目标需要教育的引领。因此,学校在不同的学段设置不同的素养梯度目标。

(四)梯度目标故事说明

设计素养梯度目标故事,旨在提供写作方向和写作内容的参考。让师生有章可循。当然,这只是提供参考,生活是写作源泉,随着活动的开展,相信会有更多的故事主题产生,有更多新鲜的故事被记录下来。学生在写作素养梯度目标故事中,不但完成对往事的记录,而且实现对情感的体验、对得失的反思、对真善美的判断与赏析、对成长的砥砺前行。

(1)按梯度目标开展活动,题目尽量涵括活动的内容;

(2)这些题目只是抛砖引玉,但可以根据这些题目提供的思想线索,引申或拓展;

(3)在班会上,集约成一个主题,对学生作启发;

(4)围绕主题开展活动后,让学生写成故事,选编为年段目标故事集。

总之,素养梯度目标规划,是根据学生生理、心理成长阶段性特点而设计的成长阶梯,是成长的脚手架,一切都是"为了你健康美丽",尤其是为了学生内心的健康美丽。

三、让师生共同成长——中学心理健康教育"大德育模式"的建构与实践

晋江一中心理健康教育起步于 1999 年 2 月,从无到有,不断积累,不断发展,日益提升,在大德育视野下,形成心理健康教育的特色,归纳起来就是:确立"一个目标",就是找准"三个抓手",开辟"三个途径"。确立"一个目标"就是提高全体学生的心理素质,培养他们积极乐观的心理品质,充分开发他们的心理潜能,为他们健康成长和幸福生活奠基;在促进学生生命成长的同时,也促进教师生命的成长。找准"三个抓手""三个路径",就是以课题研究为牵引,以活动课程为平台,以文化故事为载体,积极开展心理健康教育的分类教育、心理健康教育的德育视野、心理健康教育的队伍培养。在心理健康教育的活动中,让师生去体验、理解和表达,感悟生活的意义和生命的价值,让师生在生命的园地里共同成长。

现在,学校已经形成了一个比较完整的课程体系,建设了一支素质较高的教师队伍,建立了一个较为科学的管理机制,构建了相对完整的整体解决方案。

(一)工作回顾

20 世纪 90 年代,伴随社会经济的快速发展,功利之风和浮躁之气蔓延,青少年面临更多的外在诱惑和成长困惑,影响和阻碍了青少年的健康成长,这引起我们的关注和思考。在探索中,我们把目光投向了心理健康教育,开启了建设生命园地的心灵工程。

1.第一阶段：以课题研究为牵引，一手抓理论学习，一手抓心理辅导，营造心理健康教育的氛围

学校心理健康教育起步于1999年。开启阶段，主要任务是学习心理健康教育知识，宣传心理健康教育常识，在探索中实践，"摸着石子过河"。

1999年3月，在福建师范大学叶一舵教授指导下，学校接受福建省哲学社会科学规划领导小组办公室关于《福建省中小学心理教育体系的构建》研究课题的协作任务，这标志着学校从此正式走上了心理健康教育探索之路，逐渐形成了一支心理健康教育理论和实践相结合的骨干队伍。1999年8月教育部颁发《关于加强中小学心理健康教育的若干意见》，为心理健康教育的研究与实践指明了前进的方向："中小学开展心理健康教育，既是学生自身健康成长的需要，也是社会发展对人的素质要求的需要。"

科研课题的实施，像是一阵春风，在生命的园地里唤醒了沉睡的心灵力量。

1999年3月，学校建立心理辅导室，尝试解决学生存在的心理问题，并建立心理档案。当年，学校积累了100多个学生的心理记录。

2001年2月27日，福建师范大学叶一舵教授为学校全体教职工作"学校心理健康教育"讲座，拉开了培训的序幕，心理健康教育由此进入全校教师的视线。

2001年12月2日，学校举行"福建省中小学心理健康教育体系的构建"研究的协作课题结题报告，福建师范大学叶一舵教授，泉州市、晋江市教育局领导及各中学代表汇聚一堂，共享心理健康教育的研究成果。

2002年3月，为宣传和普及心理健康教育常识，学校制作《心理健康教育》小报半月刊，分发至班级。

2002年10月，学校心理健康教育课题研究论文集《中学心理健康教育工作的探索与实践》，由华文国际出版社正式出版。

2002年11月，陈瑞山老师撰写的《我校心理健康教育工作的探索与实践》发表于《中小学心理健康教育》。

开展科研课题研究、建立心理辅导室、邀请专家来校讲座、编写论文等，为学校建设"心理健康教育生命园地"奠定了坚实的基础。

2.第二阶段：以活动课程为平台，一手抓活动课，一手抓师资培训，提高心理健康教育的能力

心理健康教育不仅是知识，也是技能。如果没有方法，只在知识的"圈子"打转，就无法贴近学生、走进学生内心。教师需要在实践中去学习、去实践,掌握心理健康教育的基本方法,从而既提升自己的技能,又解决学生的心理问题。

2003 年 9 月,晋江一中心理健康教育进课程、进课表、进课堂,这"三进"标志着学校心理健康教育进入了一个新阶段。心理健康教育校本课程,高一年为必修课、每周半节;高二年为选修课、学生自选。这个阶段的校本课程以活动课为主,让学生在活动中体验,在体验中感悟,在感悟中成长。心理健康教育活动课,把心理训练放在活动中,让学生在体悟中接受行为训练,提高学生的心理素质。2009 年 5 月 22 日,泉州市中小学"让生命更精彩"心理健康教育现场交流会在我校召开。何成勇老师和林育慧老师展示了一节观摩活动课《我型我秀》,受到了与会代表的普遍好评。

从 2002 年秋季开始,我校开始对高一年新生进行心理测量,并形成报告,掌握学生心理的基本状况,对有心理问题的学生做到早发现、早辅导、早转介。实践证明,心理测验应用得当,能提高心理健康教育的针对性和时效性,扩大心理健康教育工作在学生中的影响。

2003 年 4 月 12 日至 13 日,福建省青少年心理健康教育专业委员会和晋江市教育局共同主办的"福建省首次中小学心理健康教育操作方法培训班"在我校举行。复旦大学孙时进教授演示心理健康教育的团体训练,让与会教师开阔了眼界,近距离了解到心理健康教育的一些基本方法。

心理活动课程的开设、心理健康情况的测量、心理健康教育操作方法的培训,在我校建设"心理健康教育生命园地"的进程中迈出坚实的一步。

3.第三阶段:以文化故事为载体,一手抓故事讲述,一手抓幸福课程,内化心理健康教育的体验

心理健康教育重在实践,重在体验,重在思维。心理健康教育的对象不仅是学生,还有教师。教师和学生都是互动的主体,他们都有自己的生活历程和个性体验,这些都是他们的成长资源。

2009 年 4 月 1 日,由我校心理协会举办的首届"移动"杯校园心理情景剧比赛登上舞台。学生把心中的快乐和烦恼编进了一出出校园心理情景剧中,并通过自导、自演的方式搬上了舞台。校园心理情景剧的剧本来自校园,以舞台为载体,把自己的生活故事搬上舞台,呈现个人内在心理历程,达到了"我表演、我领悟、我成长"的良好效果。

2009 年,学校经过多年对思想工作的研究,结合心理健康教育的实践,摸索出一条德育工作实施新途径——讲文化故事。校园文化故事是以师生创作、讲述和引用的故事,进行相互交流,以促进健康人格形成的文化活动。《21世纪报》2013年1月1日以"以校园故事为载体,精心构建学校文化"为题,报道我校开展文化故事的活动;《中国德育》2014年第3期以"石鼓山背后的故事"为题,分"文化故事是道德教育的清泉活水""文化故事是心灵唤醒的阳光雨露"和"文化故事是师生成长的理想翅膀"等专题,介绍晋江一中有机融合道德教育和心理健康教育的实践经验。

2011年春季起,学校每学期开设"幸福的方法"校本选修课,每周一节。"幸福的方法"跟传统意义上的活动课不同,重在思维的训练,引导学生改变思维方式以改变情绪,改变认知,改变行为。

✵ 故事1:不同的题目

2014年6月19日,根据福建省教育厅的安排,我在全省"全面推进教育综合改革校长网络主题论坛"上作主题演讲,题目是"文化故事:开辟德育新天地"。有的观众或许会发现,省厅下发文件的题目应是"架起文化故事的心灵之桥"。这个题目的改动是有过讨论和争辩的,最后统一了思想:"架起文化故事的心灵之桥",说的是文化故事的本身,而"文化故事:开辟德育新天地"展现的是一种大德育观,既有思想道德教育,又有心理健康教育,体现出一种综合性和包容性。

心理情景剧的演出、文化故事经验总结、校本幸福课程的开设,使我校的心理健康教育再次迈出可喜的一步。

我校开展心理健康教育,已有近二十年,从无到有,不断积累,日益提升,取得了比较大的进步,在生命的园地里,已经是百花盛开,春意盎然。

(二)整体解决方案及其实施

我校心理健康教育的目标是:提高全体学生的心理素质,培养积极乐观的心理品质,充分开发心理潜能,为其健康成长和幸福生活奠基。

1.心理健康教育的分类教育

学校心理健康教育的对象是全体学生,力求使每个学生在原有的心理素质的水平上有所提升,促进学生的健康成长。为此,我校将学生分为三类:第一类是发展性心理健康教育,面向全体学生,以提高心理素质为目标;第二类是预防性心理健康教育,面向可能发生心理问题的学生;第三类是疏导性心理健康教育,面向少数具有一定心理问题的学生。这三类共同形成学校心理健康教育的教学对象类别体系,统筹兼顾,不可偏废。

(1)心理调查

从 2002 年秋季开始,学校全面摸底了解全体新生的心理健康状况。一是严格标准。在测量工具上,选用实验多年且符合学生心理状况的自评量表 SCL-90,增强测量的科学性和针对性。二是分析研究。心理调查后,认真分析数据,大致明确预防性和治疗性的服务对象,并建立学生档案。三是数据反馈。根据调查和分析,提出解决措施和建议,形成报告:总体报告送交校长室,班级报告反馈班主任,个人信息反馈学生本人,并根据需要,选择性地回馈学生家长,以期支持和配合心理健康教育工作。四是二次调查。一个学年后,再一次对学生进行测量调查,对照一个学年的变化,从个体或总体评价学生的心理素养水平,总结心理健康教育的得失,为改进心理健康教育工作和学生心理发展提出建议提供有力的事实支持。

❋ 故事 2:另外测量

何成勇老师在一次心理调查测评中发现,一个学生对所有题目都选择"C"项。这在当年是个例,反映出该生对心理调查心存抗拒,或是"恶作剧"。何老师找到了他。那个学生知道自己做错了事,心想今天肯定要被老师狠狠地训斥一顿。想不到的是,老师没有批评他,反而说,是老师没有把心理调查的意义讲清楚,让有的同学马虎应付。这个学生很感动,不仅认了错,还主动要求另外单独调查测评一次。

心理调查是一项大规模的心理调查发展水平工作,为学校心理健康教育提供具体和准确的生情,有利于提高心理健康教育的有效性。这有效性在于:严谨、分析、反馈。

(2)心理辅导

心理辅导是心理健康教育的重要方式,主要面向有心理问题或心理障碍的学生。心理辅导是心理健康教育的重要路径。学校心理辅导立德树人,以促进学生健康发展为目标。在心理辅导过程中,注重尊重、理解、信任、接纳学生,竭心尽力地为学生服务。心理辅导包括个别辅导和团体辅导,团体辅导面向全体学生,个别辅导面向小部分有心理问题的学生。

一是建立适用的辅导室。学校建立了心理健康教育中心,按专业标准配齐设施设备。心理健康教育专用场所总面积 260 平方米,根据功能需要,建立六个分区:团体心理活动室、心理辅导室、心理放松室、心理宣泄室、心理沙盘室、心理健康教育社团办公室。辅导室设备的配给,注重节俭实用,反对铺张浪费。比如,在这些设备中,心理沙盘室是比较晚配置的,那是因为复办初中后,初中生更喜欢接受沙盘的治疗。

二是提高心理辅导认识。学校心理辅导的发展初期,由于时间较短,接受心理辅导的面不宽、人不多,不少人认为,接受心理辅导是不正常的,会被人笑话,甚至有人还将心理问题视为精神问题。为改变这种被动的局面,学校加大宣传的力度,举办各种讲座,印制《石鼓心声》小报,每月一期,发到每个班级,起到了一定的影响作用。但是真正改变学生观念的,是开设心理健康教育课程,让学生比较全面、系统地接受心理健康教育。在课堂上,心理教师与学生面对面交流,学生不仅亲近老师,也接受了课程,于是心理辅导室的人气慢慢地高涨起来。目前在我校已经形成一个共识:款项再紧,也不能少心理的钱;课时再紧,也不能少心理的课。心理课程进课堂,在学生中形成了一种积极阳光的心理氛围,带动了学生心理辅导的正常开展。

三是综合运用不同技术。不同的学生遭遇心理困扰和心理障碍程度不同,问题产生的原因各异,出身的家庭背景的差异,造成学生心理问题的千差万别。这就需要运用不同的辅导方法,或是认知行为疗法,或是叙事疗法,或是家庭治疗技术,或是心理沙盘技术,或是催眠技术,等等。辅导技能是心理健康教育的看家本领,需要不断地学习,不断地实践,不断地提升。

四是开辟多种辅导路径。心理辅导形式多样,根据学生要求和愿望,为他们提供不同形式的辅导,方便学生,服务学生。除坐待来访者外,我校运用的方式还有书信辅导、电话辅导、视频辅导等。这些辅导操作方法简单、方便,能够随时进行,及时回馈,特别适合那些心理怯懦或者离学校远交通不便的学生。

五是提供方便服务学生。心理辅导室定期对学生开放,确定具体时间,安排专人值班。由于辅导人数比较多,一般情况下,至少提前一天预约。除此之外,心理辅导教师的电话号码向学生和家长公布,不分假期,不论昼夜,均接受服务。

六是建立学生个体档案。严格遵守学生心理档案管理规范,认真做好学生心理档案的保管工作。学生心理档案不仅是为了更好地研究学生,分析学生,服务学生,也是教师研究学生心理发展规律的重要资源,所以力求原始、具体、准确。据统计，从 2009 年至今心理辅导室接受个别辅导的案例达 4000 多人次。

❈ 故事 3：子夜，电话里的哭声

2011 年 9 月 15 日子夜时分，何成勇老师的手机响了，一看是个陌生电话，他心里便升腾起一种不祥的感觉。电话接通，传来了令人揪心的哭声。

原来，一个女同学跟一个男生发生冲突，他们两家同住一个机关单位大院，平时一起租车回家的。今天晚自习下课后，这个女同学还有几道作业题不明白，请教了同学，便去晚了。那位男生等得不耐烦，说她不守信用，大声地训斥，骂得很难听。她火了，跟他吵了一架。回到家里，学生躺在床上后，越想越伤心，怎么也睡不着觉。

在电话中，何老师帮她调整情绪：首先让她闭上眼睛；然后回忆当时冲突的场景，形成画面，画面中有她自己；接着，让她把画面拉近，放大，使她的内心感到非常难受；紧接着，引导她把画面往远处推，缩小到原来的八分之一左右；再紧接着，给画面加一个框，就像给照片加一个相框一样，然后集中注意力，想象一束白色的强光，照在画面上曝光，再曝光，直到画面全部消失，只剩下一个框，中间是白色的。

在老师的引导下，学生看到了一个光溜溜的画框，做了轻呼吸，感到浑身非常舒坦，表示说可以入睡了。

❈ 故事 4：一条蛇

2015 年 10 月，初一年 5 班部分班干部到沙盘室接受团体心理沙盘训练。

第一轮摆沙具，副班长庄某毫不犹豫地从沙柜里拿出一张床，摆在沙箱的左边。周围的同学看了他，都笑了，觉得他摆床是太符合他"睡神"的称号。这时，林育慧老师想起了庄某的母亲曾说庄某从小学到初中，都有上课打瞌睡的习惯，只要周围安静，他就可以安然入睡。老师和家长经常教育他，他总是改不了，不知如何是好。

活动继续着。庄某同桌柯某拿着一条蛇的沙具，放在床的旁边。这时，周围的女同学有的露出不安的神色，有的表现出不满的情绪。

几轮下来，进入了分享的阶段。很多同学在沙箱里摆出自己心中美好的世界：漂亮的房子、美丽的花草、小桥流水等。大家对美好的景观感到很舒心,但对那条"蛇"很有意见,很想把它移走,以免破坏美好的场景。有的学生责怪柯某不该拿这样东西,但是他说:蛇是为了提醒睡神,让他上课时不要睡觉。

这时,林育慧老师给学生柯某提出这样一个问题:"如果再让你拿一个沙具,你有没有更好的方法来提醒庄某呢?"柯某沉默了,庄某也沉默了,所有的人都沉默了,他们都在思考。这不需要说什么大道理,因为在沙盘里,他们已经建立了心灵连接,心意相通。此时无声胜有声!而事实也证明,在接下来的学习中,庄某上课打瞌睡的现象慢慢减少了,后来已经能专注地上课,不再打瞌睡。

(3)心理课程

心理课程是心理健康教育的重要组成部分,课堂是心理健康教育的主阵地。学校积极开展活动课教学,取得了较好的成效。一是重视学生的需要。心理活动课为校本必修课,课程内容有学习心理、人际交往、情绪调节等,以提升学生的心理素质。二是重视课程的完善。活动课教学内容,根据校情与生情进行编写,但要根据社会发展、学生需要以及教学效果的回馈动态更新调整。原则上,每个学年至少创作一个新的活动课题,淘汰一个旧的活动课题,提升活动课程的质量。三是重视活动的反思。活动课关注学生的学习过程和体验,引导他们在面对问题、分析问题和解决问题的过程中反思自我,重新面对生活,面对社会。所以,活动课留足时间和空间,让学生表述自己的体会,不用情境活动来替代学生的思考和表达。

①心理活动课

心理活动课面向全体学生。心理活动课是模拟某种环境,学生扮演一定的角色进行表演,并通过参与、体验、反思等过程,获得生命的成长。

❋ 故事5:流泪之后

何成勇老师上过一节"十大生命价值"的心理课,大多数学生都认为这是一堂好课。

"十大生命价值"是晋江一中心理健康教育的一节传统课。课堂上,请学生写下自己生命中最重要的十个东西,此时此刻认为是生命中最重要的,然后请几个同学起来分享下他们的"十大生命价值",接着不断地筛选,选择一项自己认为最重要的东西,并分享给同学。最后,回归现实,发现生命中最有价值的东西一样也没有失去,引导学生静心思考:如何去珍惜生命中最有价值的东西? 如何为生命中最有价值的每一样去奋斗? 于是,出现了这节课的高潮,也是最令人感动的一幕:很多同学流下了泪水。学生独立地完成了自我教育。

但是,这样的课程有一个缺陷,就是学生始终处于一种假设的思维空间,没有创造的情境,容易给学生一个思维的错位:流泪之后,一切如故。权衡之后,这节课终将被舍去。

活动课是一种情境学习,无论是情境模拟还是角色扮演,都具有丰富的情绪体验,必须引导学生回归自我,对自己的经验进行分析、概括和提升。心理活动课的本质特征:情境、过程、反思。

②心理分析课

心理分析课没有模拟某种环境,而是根据一定的主题,让学生讲述自己的人生故事,然后运用心理学原理对故事进行分析。学校开设的校本课程"幸福的方法"选修课并不针对解决心理问题,而是关注积极力量和积极品质,研究如何让学生更健康、更幸福。

❀ 故事 6:生日蛋糕

上课时,一位叫强的同学,在被老师邀请面对面说出无法接纳的特质时,讲述了自己一个故事:今年暑假的一天,他生日。家里给他买的蛋糕他很不喜欢,还说吃了自己不喜欢的蛋糕,这个生日倒不如不过也罢,搞得一家人都不高兴。今天学习了积极心理学,让他懂得了不完美也是人生,要勇于面对。听后,同学们都很感动,每一位同学都努力地说出了自己不完美的那一面。

最后,何成勇老师总结说:不完美才是完整的人生。在不完美面前,我们不要怨天尤人,也不要一蹶不振,而要积极面对,勇于接纳,认真修正,这样才能收获一个完整的、快乐的人生。

(4)心理剧目

心理情景剧演出主要面向全体学生,旨在提高学生的心理素质。2009年 4 月,我校首届"移动"杯校园心理情景剧比赛拉开帷幕。

学生把心中的快乐和烦恼编进了一出出心理节目,以舞台为景,靠角色扮演,把学生微妙的心理活动呈现于观众面前。从 2009 年至今,校园心理情景剧比赛已连续举办,在师生和社会产生了良好的效果。几年来的心理情景剧演出,积累了一定的经验。林育慧老师以论文《校园心理剧,给心灵做个 SPA》作了专题总结,其论文发表于《大众心理》2011 年第 8 期。

①剧本创作

剧本是校园心理剧之"本",是排练和表演的依据和基础。心理剧是为学校的心理健康教育服务的,因此剧本的内容要贴近学生实际生活,主要反映学生校园生活中所发生的事件和学生日常生活中的心理困惑与问题。

一是主题确立。一般来说,心理剧的内容可包括学业、人际、校园家庭生活等。心理剧一般故事简单,没有离奇情节,主要是展示人物的心路历程。因此,要求主题明确,一个剧本暴露的心理问题不宜太多太泛太杂,否则会影响剧本质量和演出效果,如我校心理剧《花落,花开》就告诉我们:亲情就像这世上的花,没有永远开着的花,花开花落,每一朵花不再重开后,后悔就来不及了。

二是学生执笔。编写剧本由学生创作完成。这对学生来说是困难的,是一种特殊的"作文"。剧本一般是集体写作:一个主笔,其他学生提出参考意见。

三是剧本修改。剧本只是一个雏形,需要在多次审稿、排练中逐步地去完善。要指导学生,创作剧本是学习,排练是学习,演出是学习,只有不断修正剧本,认真排练,不断完善,精益求精,才能取得最佳的舞台效果。

②舞台演出

从剧本创作到舞台演出,校园心理剧是从文学形象转化为舞台形象的过程;是扮演者把自己的情感创作性发挥出来,并将自己的体验注入该角色身上的过程;是观众体会内心感受、感悟生命的过程;是用精彩的演出诠释内心世界的变化的过程。

一是教师指导。教师在校园心理剧中处于指导位置,承担策划和组织的任务,指导学生编写剧本、编排剧目、舞台演出。但是,心理剧的指导教师并不像影剧导演那样处于权威地位,只是协助学生处理问题,提出建设性意见。

二是学生演出。校园心理剧演员的招募和选用,遵循自愿的原则,充分调动学生的积极性和主观能动性。演员选定后,进行角色分配,或是主角,或是配角。在心理剧中,演员通过角色扮演、对话、独白或旁白等,展现心理剧情,演绎心路历程,揭示人物性格和心理特征。有时,也可以邀请教师参加演出。

三是观众观看。校园心理剧的观众不只是欣赏心理剧演出,重要的是深度体验心理剧,与舞台人物同喜同忧,在内心深处引起强烈的共鸣。

③舞台布置

舞台是校园心理剧的活动场所,通过一些简单的环境布置,营造出人物活动的地点和事件发生、发展的空间。环境布置主要有灯光的设置、道具的摆放、背景音乐的播放等,烘托舞台氛围,推动故事情节的展开,推进人物心理过程的变化。

在组织一台心理剧的演出中,学生把自己或他人在校园生活、学习、交往中遇到的冲突、困惑、烦恼编成剧本,融入心理学知识的原理,反映校园生活。校园心理剧不是社会专业剧团演出剧目,重在学生的参与、过程体验、心理收获。

❋ 故事 7：舞台下同样有灯光

女主持人用清亮的嗓音,报完最终得分,原以为大家会一同站起来击掌欢呼,然而,取而代之的是惊异与错愕的一束束目光相对。

思绪来不及飞扬便被拽回了现实。

"为什么？我们的分数这么低?""哪里出问题了？不应该啊……"大家操着焦急且难以接受现实的语气,七嘴八舌地议论开来。舞台的灯光随着散场的观众渐渐黯淡下来,而笼罩在演员们周身的光环,却似那台上的光影般慢慢失了神采。

突然降临的挫败感挥之不去,但仍有几个冷静的声音上前询问评分低的原因。"你们的演出很棒,也为全场开了个好头,但就是很可惜地超时了,在这块上扣分重了。"学姐耐心地向沉浸在失落的苦汤中的我们解释道,"而且看评委老师的评分单上写着'笑场多次',你们可能中间谁笑场也影响了评分。"学姐指着单子向大家解释。这时候,大家忽然炸开了锅:"谁？谁笑场了？我们没有人笑场啊!"每个人的脸都涨得通红,情绪激动,慌乱之中又有谁是理智地分析思考问题呢?

所幸,这场短促的小争执并没有在大家心里留下不快。只是在各自散去后的静谧的夜里,惜败的事实定是还像石子般硌在心里,隐隐作痛。

回到宿舍,我站在走廊上抬头望向那片深邃的夜空,它好似一本尘封已久的书,散发出沉稳厚重的气息,恍然间推开我的心扉,忽地,将回忆击中。

那是赛前的几个晌午,响晴的天蓝得不夹杂一丝杂质,似天际滴落的一团颜料,浓得化不开。为了排练,我们拿出午休的时间推开社团楼音乐教室的门,开过少先队活动室的门锁,甚至走进了交响乐团排练室的大门。导演千方百计地寻找排练地点,大家不惜挤出午间的闲暇。初二不比初一时悠闲,时间也不比之前宽裕,但论经验论心态,定会比一年前丰富而稳重沉着得多。

大家比一年前更学会了合理安排时间,学会了在排练过程中齐心协力地把细节做到尽善尽美,彼此纠正的同时也更懂得理解沟通。单凭这点,赛后的那几声抱怨,实在无足轻重,因为从排练到上场,努力是大家一同付出的,结果自然是人人都要承担的。

想到这儿,我忽然释然了。没有人是完美的,同样地,没有一个剧组是十全十美、会永远辉煌的。但,他们可以是永远同心、败亦欣然的,因为在共同努力的过程中,我们都已经收获了最宝贵的礼物,那便是友谊与成长。

演出已然谢幕,但舞台下的灯光愈发闪亮。是这短暂的剧组时光,恰似一坛老酒,将微风醺醉,将每一个人的面颊抹得微润,同时,也在每一个人身上投下了最美的光华。

开展心理辅导,有效地解决了学生的心理困惑,消除了心理障碍,提高了心理素质,形成了积极、健康、向上的心理品质。在生命的园地里,我们相信种子的力量,只要积极、健康、向上的种子在心中生根发芽,就一定会有硕果挂枝的明天。

2.心理健康教育的德育视野

心理健康教育与德育有所不同,德育更注重人的社会化,注重学生道德品质的培养,注重人生观、价值观的养成;而心理健康教育更注重人的个性化,注重学生心理素质的培养。但二者都有着共同的目标,即培养人的人格、促进生命的成长。心理健康教育与德育虽是两种不同的教育,但又相互联系、互为补充。在我国,学校心理健康教育属于"大德育视野",用心理健康教育渗透于德育,不仅能推进德育全面发展,而且自身也得到深入的发展。我校开展文化故事活动,搭建一个连接心理健康教育通往德育的长桥,做到内容结合、载体结合、路径结合和方法结合。

笔者所作《石鼓山背后的故事》一文刊载于《中国德育》2014年第3期。该文指出:"什么是校园文化故事?它是以师生创作、讲述和引用的故事,进行相互交流,以促进健康人格形成的文化活动。'土生土长',具有鲜明的校本性和旺盛的生命力。""校园文化故事,事件虽小,但'滴水见太阳',故事虽平凡,却能荡起情感的波澜,能引领人们体验生活、感悟成长。"学生的文化故事,既是心理健康教育资源,也是学生的资源,撑起他们心理健康的成长动力。

（1）内容结合:讲述故事

心理健康教育关注学生资源。无论是心理辅导,还是课堂教学,心理健康教育都重视学生文化故事资源的开掘和利用。德育关注向学生讲授传统的政治观点、思想观点和道德规范等,但也存在内容单一,缺乏情境,理论抽象,实效性不强等问题。把心理健康教育一些内容和方法引入到德育中,有助于丰富德育资源,促进学生的个性发展。一是引导学生发现自己成长中的文化故事。这些故事可能是积极的,也可能是消极的,但都是成长的故事。二是让学生用自己的笔头写下来。故事注重细节,创设情境。故事一旦被叙写,其意义就有可能呈现出来,并表达出自己的价值观。三是让学生讲述自己的故事。故事需要在交流中才能影响自己和他人。几年来,我校积极开展文化故事活动,如创作并讲述"我的书房,我的故事"等,并汇编成册,使心理健康教育与德育在内容上得以相互结合、深度融合。

✳ 故事 8:书房的故事

2014 年 12 月 22 日下午,《晋江经济报》记者走进晋江一中初二年 2 班,观摩和采访主题班会"我的书房、我的故事"。

12 月 25 日,《晋江经济报》是如此报道的:"主持人是一名沉稳的女同学,她准备带领大家开启这次神奇的'书房故事'之旅。何婧霖率先登台讲述,有一年暑假,她去打工,工作很简单——上街发传单。但就是这样简单的工作,却带给她满满的挫败感,一次又一次地被误解、拒绝。正在街头徘徊的关头,她想起了书房里的《苏东坡传》,偶像给了她力量。'书房,我的一方小天地,也是我梦想升起的地方。'何婧霖说。""男生魏斯桐的讲述有些特别,用的是笛子。悠扬的笛声中,同学们看着屏幕上的文字简介,知道了如果没有书房中《极限人生》朱彦夫的影响,他已经早早'知难而退',放弃学习笛子了。"

（2）载体结合：多种活动

一切教育活动都是为了学生的成长和发展，为了学生一生的幸福。但活动需要载体，学校搭建心理健康教育与德育相结合的活动平台，引导学生积极参与班团队活动、校园文体活动、社会实践，培养学生高尚的情操和志趣。一是树立主体地位。传统的思想政治工作之所以是"说教式"的，是因为教育者习惯于居高临下，以纯理性的眼光去审视和处理学生不合规范的行为和心理问题，学生始终处于被动的受教育地位。心理健康教育与德育相结合的活动，无论是班级主题班会、升旗活动、家长大会等，主体都是学生，每个学生都是参与者、体验者。二是确立活动主题。主题是活动的灵魂。我校的活动主题根据新的时代特点，确立鲜明且有意义的活动主题，并形成系列：初中讲述"我的书房，我的故事""家风的故事""班风的故事"等，高中讲述"我与学校大楼的故事""晋江人的故事""我的价值观的故事"等。鲜明的主题、生动的故事，增强了活动的吸引力和感染力。三是挖掘家教资源。我校重视家庭教育，成立家长学校，充分利用学生的家庭教育资源，把心理健康教育和德育结合的活动引向每一个学生家庭。无论是学校或班级重大的学生活动，都邀请家长参加，既帮助家长了解和掌握孩子的成长规律和心理健康教育的方法，又提高家长自身的心理素质。

❋ 故事 9：爸爸，我想对您说

2011 年 6 月，在初中二年级家长和学生大会上，有这样一个舞台场景：中央的一侧朝向观众放着一张椅子。

白同学走上了舞台，开始讲述了她的故事："爸爸，平时，我不敢表达对您的爱。我不像其他同龄的孩子那样向您撒娇，跟您开玩笑，跟您聊聊天。您也不会像别人的爸爸那样抚摸我的头说着关心我的话。也许是因为我从小和爷爷奶奶生活在一起，十三岁才被您带来晋江一起生活。所以我们之间有距离、有隔阂，但您给我的爱我总可以感觉到，您的爱总是在背后，默默地。"

这里，白同学突然走下舞台，来到家长观众席，走到父亲的身边，拉着父亲的手，慢慢地走向舞台，让父亲坐在那张椅子上。

接着，白同学面向家长听众，继续讲述她的故事。她讲述了在甲流高峰流行那年，她发高烧，她的父亲带她到医院看病，精心地照料他。她说："一量体温，41℃左右了！我真的是全身无力到想睡下去。我努力着不让我的上眼皮和下眼皮亲密拥抱。抽血化验时,我怕疼,于是紧紧握住您的手臂,似乎您可以给我一种无形的力量。我坐在椅子上好累好累,好想睡觉。迷糊间看着您一下子拿药单,一下子又跑去楼下拿药,心里一阵阵地感动。爸爸,谢谢您。"

故事讲完,舞台上的父女俩紧紧地拥抱在一起,热泪盈眶,台下的家长和学生,也落下了感动的泪水。

(3)路径结合:对话交流

心理健康教育,特别是心理辅导,需要在交流中沟通思想,交流体验。交流是信息的传递,能使教师和学生更有力地表达观点。而德育更多的是讲大道理,讲原则,讲规矩,学生没有更多表达的机会,于是学生难以接受教师的观点,甚至产生抗拒心理。学校把心理健康教育的对话方法引入德育,引导学生讲述自己的故事,诉说自己的困惑。对教师而言,此时需要做好三件事情:一是接纳学生的观点。尊重学生的人格,平等对待学生,建立彼此信任的关系,接纳学生的错误观点,而不是拒之千里之外。二是倾听学生的心声。倾听学生的诉说,促进学生去反省自己的观点和思想,从中找出问题所在。三是回应学生讲述。回应学生的诉说,要合情合理,不能过度吹捧,认为讲述太好、太神奇了;也不能过分批评说得不真实或没道理,而且不宜指责学生情绪不良等。

✸ 故事 10:放飞气球

一天下午放学后,初三年一位男生走进了校长室,苏锦明老师接待了他,他是来找校领导当"裁判"的。

来之前,他跟班主任已有一场"舌战"。冬天到了,他把校服的裤子改窄了,说等到夏天再把裤管恢复原样,那时天气比较热。可班主任说校服不能改,他不服,冬天确实比较冷,裤管小一点,况且只是小小的改动,并没有影响外观。班主任说他擅自改装,违反制度,务必再改过来,可他怎么也听不进去,两个人闹僵了。班主任告诉他说,只要校长说可以改,那就没有事了,否则非改回不可。所以,放学时,他就来到了办公楼。显然,这位学生在诉说校服裤子风波时,情绪有点激动。

"那时,你的心情怎么样?"苏老师问。

"生气。"他一脸怒色,"很委屈,气愤,悲伤。"

"这样不高兴的心情像什么？能不能打个比喻？"

"像气球，被针扎过的气球，漏气了。"他想了想说。

"很好，这个比喻很形象、生动。那么这样的气球有怎样的特征呢？"

"漏气了，飘不起来。"

苏老师抓住气球这个隐喻，引导他来进行改变。如何让气球飘起来，自由地飞，又有限制地飞？

"绑个绳子。"学生若有所思地说。

"很好。放飞气球，可远可近，可高可低，有充分的自由，但如果气球飞到了视野之外，就可能遇到危险；如果放掉手中的绳子，气球就会飞得无影无踪。"

他微微地点头表示赞同。那么从气球这根绳子，放到改校服裤子这件事上，那是什么呢？学生马上想到的是"制度"。

"对。每个人都可能选择不同号码的裤子，但如果改动，你改一小点，他改一大点，学校还要对校服的管理做出一个修改裤子的补充规定。这样好吗？改动一厘米可以，那么两厘米为什么不行？"

学生会意地笑了笑，他已经明白了自己的错误所在。

时间已经不早了。苏老师说："生活中有许多事情，一时搞不清楚，弄不明白，是正常的，把来龙去脉理清了，自己也就进步了。"

他高兴地跟苏老师说："老师再见。"

(4)方法结合：思考表达

心理健康教育不仅重视学生活动的过程体验，也重视学生的自我反思。活动过程是体验的前提，体验是反思的基础。因为体验本身并不会带来学习效果，学习的进步是对体验的思考。德育工作经常纠缠于一个事件，论辩是非、争辩真伪，使解决问题陷入一种僵局。把心理健康教育的对话方法引入德育，让学生反思自己的生活故事，表达自己的想法，以不断地发现自己、创造自己。一是提出问题。故事是生活的故事、生命的故事。教师对学生的故事或心理疑难提出问题。问题的提出具有思考性、针对性，贴近学生的思维水平。一个交流的过程，往往不只是一个、两个问题，而是形成一个问题"链"，从不同的角度引导学生深入地探讨问题。二是思考问题。任何故事或事实都不能取代分析性思考，讲故事、说事实旨在从中寻找意义和价值给学生留足思考的时间，并给予适当的启发和引导。三是解决问题。在交流中，不断地变换思考问题的视角，逐步地打通解决问题的通道。但是,并不是一次交流、一次分析问题,就能解决问题,或者解决所有的问题。这需要一个反复的过程。

✳ 故事 11:她怎么能这样对我

2013 年 9 月,高三年学生 M 走进办公室,咨询苏锦明老师,诉说她的烦恼。

原来,在高二年时,她有一个同桌,平时关系还不错。她的同桌是港籍生,有一个星期,同桌请假回香港办理有关手续。为了使同桌不耽误学业,她就把老师发下的作业提纲等好好整理,然后通过聊天通讯工具把作业传送给同桌,方便同桌在香港自修。一个星期过后,同桌回来了,可是不仅没有感谢她,反而慢慢疏远了她,还向班主任提出要调桌位,说是性格不合。过了不久,这个港籍学生转学回去了,也没有什么联系了。

让 M 不解的是,她对那个港籍学生真心相待,换来的却是冷漠相对,"她怎么能这样对我?"M 讲述故事后,觉得心情很沉重。她在相当长的时期里,一直陷入这样的苦闷之中。她想从这个负面的情绪中走出来,但始终走不出来。

问题 1:你从这件事得出怎样的结论?

M 不假思索地说:"好心没好报。"

问题 2:在人际关系中,有付出,就有回报,这是不是市场交易? 为什么?

M 思考了一下,回答说:"当然不是。市场交易是物质的交易,要求的是等价,但不能套用于人际关系,因为人际关系是人与人的情感交流,情感不能用金钱衡量。"

苏老师肯定了她的分析,说:"联系人际关系的是理解、尊重和宽容。想付出就有回报,这不是理解,不是尊重,更不是宽容。要相信,你付出了,人家没有回报你,肯定有她的想法,你理解了吗? 她可以回报你,也可以不回报你,这是她的选择,你尊重她的选择了吗? 即使她错了,要承担责任,但是,你允许她犯错吗? 允许她改错吗? 你宽容她了吗? 要相信,她不理睬你,有她的理由,尽管这样的理由可能不充分,甚至是错误的,但我们不能强求人家要怎样做,才符合我们的愿望和要求,我们没有这个权力,也没有这个能力。"

问题 3:自己付出了,得不到他人的回报,就耿耿于怀,产生了焦虑的情绪。如果在自己身上找原因,问题出在哪里?

M说:"不能宽容人。""还有吗?"她没有回应。苏老师说:"不能宽容人,这是问题的原因之一,更主要的是自己的修炼不够。自己站位不高,跟同学的缺点、弱点过不去,甚至拿她的过错来处罚自己,让自己生活在焦虑的情绪之中,这样的人不是真正聪明的人。大度的人应当是这样的:对你,我们真心付出了,至于你怎么想的、怎么做的,那就凭你的良心。"

问题4:现在的问题是,矛盾已经发生,故事已经成为往事,你对这位港籍的同学持什么看法呢?

M说:"能有什么看法? 事情就让它过去了,不计较就是了。"苏老师说:"能有这样的想法当然不错,但还可以有更好的想法。你想想看,更好的态度是什么?"

她没有回答。苏老师说:"要相信,总有一天,她能体会到你的真诚。退一步说,如果她真的领悟不到,那也没有关系,祝福她今后的人生一路走好。有一颗善良的心,生活才是快乐的。"

问题5:刚才,你对自己的故事意义的概括是"好心没好报",那么,现在你有什么新的概括?

M说:"要尊重人,宽容人。"苏老师总结说:"人际关系中,有付出可能有回报;但有付出,不一定要回报。在人与人的关系中,重在理解、尊重和宽容。"

交谈在愉快的气氛中结束,苏老师送她走出办公室,她说道:"谢谢老师!"

心理健康教育与德育的有机结合,既丰富了德育的资源、路径和方法,促进学生的健全人格、个人潜能、个体创造性的培养,又拓宽了心理健康教育的新视界,有力地推进学校教育向前发展。在生命的园地里,我们播撒心灵的种子,开出真善美的花儿,结出幸福的果实。

3.心理健康教育的队伍培养

心理健康教育是学校教育的重要内容,旨在培养学生的良好的心理素质,促进人格的健全、和谐发展。专业教师队伍的培养是做好心理健康教育工作的关键,也是有效开展心理健康教育的重要保证。长期以来,我校重视专职心理健康教育队伍的培养工作,努力建设一支爱学习、能研究、懂心理、会育人的高素质的教师队伍。心理健康教育不是学校教育的一座孤岛,专职教师也不能单枪匹马、孤军奋战。心理健康教育工作需要全校员工参加,形成一个系统的教育队伍。学校重视对兼职教师及全员教师进行心理健康教育知识和技能的培训,使每个教师在不同的岗位上,都能担任起心理健康教育的工作,这样,扩大了心理健康教育的师资队伍,加强了心理健康教育的整体力量。

(1)专职教师的发展

"工欲善其事,必先利其器。"心理健康教育是一个理论性、实践性很强的学科,这就要求有一支受过专业培训、具有一定理论素养和实践经验的专职心理健康教育队伍。

①阅读经典

心理学知识浩如烟海,博大精深。学校心理健康教育教师走专业成长之路,坚持常年读书,读名家名著,从各个心理学流派中汲取养分,开阔见识,丰富涵养。阅读经典是心理健康教育专业提升的重要途径。外出进修、专业培训、参加各种学术会议固然重要,而读书才是主动学习,自主成长。一是参加读书活动。学校每年开展教师读书活动,并于年终进行文化颁奖,奖励读书的优秀者,心理健康教育教师总是榜上有名,如心理老师何成勇每年的读书量都有几十本。大量的阅读,可以丰富知识视野,完善专业素养。二是阅读哲学著作。从严格意义上说,现代心理学是哲学的一个分支,二者关系密切。心理学的发展为哲学揭示心理、意识等精神现象的本质提供了科学的根据,发展了哲学;而哲学对于心理学的发展也具有不可替代的指导作用。学校心理健康教育教师阅读的著作有《精神现象学》《个人形成论》《心理学流派中的马克思主义》《教育学视阈中的人:基于马克思主义人学的思考》《马克思主义视域下的社会心理研究》等,用哲学的视角来审视和构建心理健康教育,用马克思辩证法来分析事物的内在联系,提升分析问题和解决问题的能力。三是分享读书心得。有了学习,有了实践,就有自我的体验。在德育工作会上,在班主任专题会上,在教职工例会上,教师交流自己的学习心得体会,既推动学校的"书香校园"建设,又提高其他学科教师心理健康教育的认知水平。

阅读经典是心理健康教育专业提升的重要途径。外出进修、专业培训、参加各种学术会议,固然重要,而读书才是主动学习,自主成长。

❋ 故事 12:平山实验小学之行

2015 年 12 月 23 日,晋江市中学心理健康专兼职教师听评课比赛在平山实验小学举行,我校何成勇被邀请做评委。这些评委中,有一位是心理学研究生学历。赛前,他们彼此寒暄。

"你对心理学与哲学之间的关系有研究吗?"何老师觉得对方是专业工作者,想必这方面很有专长,想从她那里得到一些帮助。

"还真没研究过。"她的回话有点让人失望,又有一点意外。

"有看过相关的书吧? 或者相关的文章?"何老师对哲学可以说是"门外汉",相信她学识比自己宽,站位比自己高,懂的东西总会比自己多。

"从来没看过,也没听说过。"她实话实说。

在场的,还有不少心理健康老师,他们都摇头,说今天头一回听说心理学与哲学还有交叉,这似乎成了新闻。

何老师说,晋江一中近来研究学科哲学,看了几本哲学类的书才知道,哲学与心理学有密切的关联。比如,皮亚杰是认知发展理论的创始人,也研究过马克思主义,他在 1950 年发表过论文《辩证法的发生认识论》;心理学家弗洛姆认为,未来的社会,应该创造条件,促使人的个性、理性、才能和爱得到全面发展,人的潜能得以充分发挥,从而得到自我实现。他是马克思主义的人本主义的代表人物之一。在哲学发展的历史中,马克思主义是一种真正以"人"为中心的"人学",西方心理学界早已融入对马克思主义哲学的研究,对它的研究和实践与日俱增,并在主流心理学中具有十分重要的地位。

说到此时,大家目瞪口呆,像是发现了一个什么天大的秘密。

在平山实验小学举行的听评课比赛结束了。回家路上,何老师脑海里老是盘旋一个问题:为什么我们学了心理学,还对马克思主义哲学如此的陌生?

②实践研究

心理健康教育专职教师的专业发展,需要不断地研究、实践,不断地提升专业能力。但是,心理健康教育研究的活动范围往往受到很大的限制。一所学校从事心理健康教育的人员一般只有那么几个人,无法像其他学科那样开展常态的教研集备、听课评课,无法形成一个互动的研究群体。但是,心理健康教育的研究,也有其优势所在,如心理健康教育可以渗透到学校教育的方方面面,大到学校宏观管理,小到班级学生个体,都可以发挥其独特的渗透作用。一是课题的选择。心理健康教育的选题可从学校整体发展出发,从实际出发,以问题为导向。2011 年,学校开展文化故事活动,推进生命教育,以校长室名义申报教育部"新形势下生命教育的理论与实践探索"课题的子课题"以文化故事为载体开展生命教育的实践与研究"。

至 2013 年 10 月,该课题顺利通过验收结题,被评定为优秀等级。二是故事的讲述。心理健康教育是一个实践性很强的学科,研究着眼于实践,注重于体验,形成于案例,避免高谈阔论,不着边际。学校的研究倡导故事讲述、案例分析,不断提高心理健康教育的理论水平和技能水平。三是论文的撰写。系统地梳理自己的理论系统和实践经验,形成心理健康教育研究实践成果,进一步提高自己的专业水准。何成勇老师参加福建省高中《中学生心理健康》丛书编写,林育慧、何成勇等老师的多篇论文发表于 CN 刊物上。

✳ 故事 13:霓虹灯的故事

　　有位学生在晚自习时,当她抬头看到离校园不远处的国际荣誉酒店的霓虹灯,心情就会很低落,从而影响注意力,有时严重到无法看书。可是她自己又会下意识地去看一下霓虹灯,这使她的学习受到很大的干扰。这样的困局已经持续了一个多星期,她只好走进心理辅导室。

　　见面初,何成勇老师想了解她过去的生活是否与霓虹灯有关。她自己想了很久,但都没有答案。

　　她内心的困惑,是客观存在的。如果意识不到症结所在,那么问题的成因就隐藏在潜意识中。是学习压力、人际交往困难,还是其他生活问题?何老师不得而知。

　　等她的内心平静后,何老师开始改变她的意识状态,让她进入自己的潜意识,并由其潜意识帮助她搜索"霓虹灯"。渐渐地,她的潜意识里的画面慢慢地浮出。这是一次痛苦的回忆。

　　原来,她出生后,就被寄养在外婆家,父母亲偶尔来看望一下,因此,她与外婆的情感很深。快要上小学时,命运发生了改变。有一天,她父母亲来到她外婆家,要带她回家上学。可她不愿意,又哭又闹,这让她的父母束手无策。硬的不行,就来软的。后来,她父母先把她骗出来,说是带她到街上玩。小孩是聪明的,走在街上,发现情形不对,就想逃离。父母想强行把她拉上车,她挣脱着,在街上乱跑,看到有一处霓虹灯的广告牌,就躲在广告牌后面,还是被父母亲找到,带回了家。为防止节外生枝,从此,她父母不让她与外婆见面,限制她自行与外婆联系。

　　回想到过去的记忆时,她泪流满面,多年来无法释放的情绪终于得到释放,心结得到了打开。在何老师的引导下,她理解了父母的初衷,原谅了他们的举止，内心的创伤得到了修复。

反思：

其一，每个人都是独一无二的，他们的心理问题形成的原因也许相近、相似，但没有绝对的相同。

其二，人有一种自我防御机制，把一些事情深深地放在潜意识的深处，甚至使人难以回忆，而恰恰是这些事情造成了心理问题或障碍。

其三，心理问题有时可以追溯到童年。也许我们以为自己已经忘却了童年，其实，过去的很多事件隐藏在潜意识中，一直影响着我们，很少人能够真实地活在当下。

其四，想进入潜意识，必须让自己放松下来。只有内心平静的时候，我们才能看清自己，找到解决问题的钥匙。

（2）兼职教师的发展

班主任是兼职心理健康教育的基本队伍。班主任处于德育工作的第一线，跟学生接触频繁，关系密切。他们的心理素质和专业素养直接影响学生心理素质的发展，提高兼职教师队伍的心理素养显得尤为重要。一是专业知识学习。学校重视兼职心理健康教师的专业培训，开展内容丰富、形式多样的专题讲座，引导他们广泛阅读心理书籍，掌握心理健康教育的基本理论，拓宽知识结构，改变德育工作的理念和方法。讲座体现校本性、情境性和实效性，让教师在学习心理学知识时联系本校学生实际情况，在情境中去体验、感悟、认知。二是辅导方法训练。开展心理辅导，帮助学生解决心理问题或其他问题，只是简单的说教无济于事，这需要方法。解决问题是过河，没有船或桥就过不了，不掌握方法，问题便不能解决。学校兼职教师主要训练和掌握的方法有：情绪放松、故事交流、师生对话、问题讨论、思考表达等。兼职教师掌握了基本的心理辅导方法，力求避免灌输式教育，在德育中运用心理疏导的方法，渗透心理健康教育理念，这既有效地解决学生的心理问题，又提高了教师自身的心理素质。三是心理情况反馈。班主任对班级学生的心理状况有一个整体把握，对他们的心理发展动态有一个基本了解，特别是对个别学生的心理问题胸中有数，并有的放矢采取措施进行解决。班主任及时发现学生存在比较严重的心理问题，及时报告心理健康教育中心，求得心理教师的帮助，并报送校长室备案。

✹ 故事 14：走进自己的阴影

2011 年 4 月 10 日,我校苏锦明老师为全校班主任做了个讲座《走进自己的阴影》。

事前,他到学生中间,调查了三个班主任老师,让学生写他们的班主任的五个优点和五个缺点,然后进行数据统计。结果发现,学生都指出教师的一个共同缺点是:急躁。但是,当事人都不承认或不完全承认自己的这一缺点。

C 老师说,他并不急躁;L 老师说,他有时急躁,有时不急躁;X 老师说,他过去急躁,现在不急躁了。那么,急躁藏到哪里去了? 苏老师让他们分别追忆,想想最近是否有过急躁的事。最终,他们都想起来了。

在培训会上,苏老师分析说:人的缺点可分为意识缺点和潜意识缺点,其中的潜意识缺点叫阴影。三个老师对待自己的"急躁"心态的不同解释,说明他们的"急躁"缺点有部分保留在意识中,有部分已经进入潜意识。意识中的缺点具有积极意义。人一旦承认自己存在缺点,接纳自己的缺点,就可以更好地管理缺点,让缺点转换成为自己成长的资源。

那么,如何走进自己的"阴影"呢? 人仅仅是承认感觉到的缺点还不够,更重要的是要寻找那些存在于我们身上但感觉不到的缺点,也就是找到阴影。走进阴影,接纳被自己刻意压抑的特质,是一件很难的事,因为这需要勇气。一个人最难认识的就是自己,最大的勇气就是正视自己的不足。交流,更重要的是与自己的交流,经常反省自己。对于任何一种特质,都可以问自己三个问题:我过去是否曾经表现出这种特质? 我现在是否表现出这种特质? 往后在某些情境下,我是否有可能表现出这种特质? 反躬自问,是探求一个真实自我最为直接的途径。

阴影不仅仅意味着消极,更意味着隐蔽,藏在我们心灵的深处。有光必有影,在我们意识之光的照映下,阴影也会随之发生变化,成为我们力量的源泉。

(3)科任教师的发展

培养学生德、智、体、美、劳全面发展,完善他们的健康人格,需要全体教师,特别是科任教师的共同参与。课堂是心理健康教育的主渠道。学校科任教师担负起心理健康教育的责任,寓心理健康教育于课堂教学中。一是学习心理知识。对每位教师而言,一年里外出接受培训的机会毕竟不多,他们除参加校本培训外,主要是自主学习,由心理健康中心根据教师的个性化需要,推荐阅读书目。苏天从老师从事总务后勤工作,对校园规划和建设有一定的研究。在心理健康教育中心的推荐下,他购买了两本书《色彩心理学》《设计中的色彩心理学》。他如获至宝,认真研读,把心理学的理念运用于实践中,取得了较好的效果。二是关注学生心理。学生的心理活动变化和发展,具体表现在教育教学的每一个方面,特别体现在课堂教学中的每一个环节。从某种意义上说,科任教师的一节文化课或技能课,都是一节生动而具体的心理健康教育"活动课",有主题与内容,有情境与条件,有活动与过程,有问题与分析,有归纳与总结。学校科任教师关注教学过程,注入心理健康教育因素,提升课堂质量,培养学生的健康品质。三是交流实践经验。学校 2006 年春季学期开设"石鼓讲坛",集教师教育研究、经验交流、校本培训于一身。学校每个月召开一次教职工例会,让教师登上讲坛,讲述他们把心理健康教育渗透于岗位工作或是课堂教学的经验体会。十多年来,我校登上讲坛的教师达 200 多人次。在经验交流中,科任教师进一步学习心理健康教育的基本知识、技能和方式方法,提升自我的心理素质与能力。

❋ 故事 15:诚信

2014 年 1 月 6 日,在全校教职工例会上,初中英语学科苏爱华老师登上"石鼓讲坛"讲述自己的故事。

有一次,英语单元考试,试卷分为两个部分:一是 60 道选择题,二是作文及主观题。考完后,苏爱华老师让同桌学生交换批改选择题。忙中出错,苏老师居然将选择题的几个答案写错了。有几个学生发现了问题,及时报告给教师。苏老师向学生道歉,表示要及时更正。这时,苏老师发现,有些同学把正确答案改成她给的错误答案,依然打钩,不扣分。苏老师感到有点意外,感到这里有问题,有弄虚作假之嫌。

如何解决这个问题呢?如果简单地批评,就可能挫伤他们对英语学习的积极性,还会让他们在班级同学面前失去自信。只有了解学生对这件事的看法和认识,才能更好地处理这件事,达到更好地教育学生的效果。这时,苏老师想起了埃利斯的 ABC 情绪理论。

为此,苏老师设计了一份表格,包括事情的起因、对事情的认知和事情

的结果。她把相关学生召集到辅导室填写,从而了解学生的整个心理过程,并归纳如下:

第一,事情的起因:学生互改,同桌之间约定好,更动答案后,不扣分。

第二,对事情的认知:想考个好分数,考不好,家长会批评;有个好分数,会得到老师的表扬;不自信,答案对了,但看到跟老师答案不一样,就跟着改了。

第三,事情的结果:改了答案,还打钩,受到老师的批评。

整理完毕后,苏老师把相关同学召集到辅导室,深情地对他们说:"这次分析,同学们认识还是比较到位的,分数固然是评价一个学生的标准,但不是唯一的标准,成绩好的学生苏老师疼爱,诚信的学生苏老师更疼爱。苏老师和你们的家长一样,希望大家能获得好成绩,更希望大家做一个诚信的好学生。"

看着学生泛红的眼眶,苏老师知道自己说到他们的心坎上了。说完,苏老师一一跟学生们握手约定:"一定做个诚信的人。"

心理健康教育关乎所有教职工,无论是专职教师、兼职教师,还是全员教师,他们通过理论学习、校本培训、实践应用,逐渐纠正应试教育的错误观念,树立起以生为本的学生观,形成平等和谐的师生关系,提高了心理健康教育水平。在生命的园地里,教师播种理想,播种仁爱,播种情操,在耕耘中体验人生,在劳作中感悟生活,实现自己的生命价值。

(三)反思与展望

学校实施心理健康教育始于20世纪90年代,一路风雨,一路收获。回首过去,整理自己背上的行装;展望未来,坚定自己前行的信心。心理健康教育,虽然取得一定的成绩,但还存在不少困难和问题,需要进一步探讨与改进。

1.问题反思

第一,课程设置。从课程实施情况来看,我校初中以心理活动课为主,侧重于活动体验;高中以心理分析课为主,侧重于人生故事的分析。但初中的心理活动课重学生过程体验、轻学生自我反思,以教师的点评替代学生的思考的倾向没有得到根本的转变,以致效果大打折扣。高中的心理分析课,虽然重学生的体验反思,但学生的故事显得比较零碎,如何形成系列课程,尚处在摸索之中。

第二,德育视野。心理健康教育有助于德育工作的开展。德育应从心理健康教育中借鉴有益的理念、途径、方法,找到与心理健康教育的契合点,并高度融合。但目标不够清晰、力度较为单薄、方法比较稀少等问题。

第三,教师发展。心理健康教育,无论是专职教师、兼职教师,还是科任教师,心理健康教育教师队伍专业素质和技能提升之道是读书、实践和研究。从读书层面看,阅读心理书籍,还没有蔚然成风;从实践看,还不能积极主动地将心理学的理论和技能,应用于教育教学中;从研究层面看,虽然比较关注心理辅导或课堂教学,但教师反省、总结和交流还不够,影响了专业水平的提升。

第四,评价制度。有效的绩效评价能推进心理健康教育工作的开展。学校还没有建立一套对心理健康教育的评估制度,对专职教师、兼职教师和全员教师的评价还不够精细,这不利于调动教师的积极性和创造性,不利于促进专业化发展。

2.今后展望

其一,教育目标。进一步明确心理健康教育的目标,健全学生人格,为学生的健康成长和幸福人生奠基;在促进学生生命成长的同时,也促进教师生命的成长,促其享受幸福的教育人生。

其二,教育资源。心理健康教育主要资源是学生,他们的经验和知识能支持他们的心灵成长和人格健全。充分挖掘和利用学生的教育资源,进行差异性教育,让每一个学生都能真正地认识自我,发挥自己的潜能,培养个性特长。

其三,队伍培养。加强心理健康教育教师队伍建设,阅读经典,学习哲学,用辩证思维和方法,研究问题,研究学生,形成故事案例,相互交流学习,在教育实践中提升心理健康教育的思想境界、理论水平和工作能力。

其四,文化建设。拓宽心理健康教育的领域,主动融入学校管理,结合德育工作,渗透课堂教学,丰富学校办学理念,丰盈办学特色,形成师生人人参与、积极向上的道德风尚,营造独具特色的绿色生态的学校文化。

心理健康教育是一项具有生命意义的事业,是为人的全面和谐、自由充分地发展奠基的人生工程。当前,基础教育的课程改革迎来了新的机遇和新的挑战。在新的起点上,学校将以崭新的姿态,以坚定的步履,用教育智慧追寻教育的梦想,让师生在生命的园地里共同成长。

第三节 增值评价

一、撬动师生成长的杠杆

《国家中长期教育改革和发展规划纲要(2010—2020)》指出:"改进教育教学评价。根据培养目标和人才理念,建立科学、多样的评价标准。"基础教育课程改革,重视改变课程评价过分强调甄别与选拔的功能,发挥评价促进学生发展、教师提高和改进教学实践的功能。2020年,中共中央、国务院印发的《深化新时代教育评价改革总体方案》提出,要"改革学生评价,促进德智体美劳全面发展",并从"树立科学成才观念、完善德育评价、强化体育评价、改进美育评价、加强劳动教育评价、严格学业标准、深化考试招生制度改革"等七方面作出具体要求。

新课程实施以来,学校根据培养目标和课程目标,制定"三会三高"教育目标:会做人,思想高素质;会学习,学习高质量;会生活,生活高品位;制定"三进三出"的教学目标:低进中出,中进高出,高进优出。多年来,我校运用多元评价,促进教育目标与教学目标的落实,推进师生同步发展,取得了一定效果。

(一)抓制度:重过程,重提升

教育评价是科学,需要制度管理上进行设计与考量,保证评价规范、有序进行,推进教育目标和教学目标的落实。

1.学生评价

编制《学生成长规划手册》《学生养成教育手册》《学生学业水平评价手册》和《学生综合素质评价手册》,重过程,重提升,以评价推进学生全面发展。

早在21世纪初,《教育部关于积极推进中小学评价与考试制度改革的通知》就指出:"评价方法要多样,除考试或测验外,还要研究制定便于评价者普遍使用的科学、简便易行的评价办法,探索有利于引导学生、教师和学校进行积极的自评与他评的评价方法。"

上位的教育评价改革,还需要具体落实到学校环节。多年来,晋江一中探索使用优点单来发展学生评价工作。优点单是让同学或老师给自己评价的优点卡片,核心是学生之间的互评。德育处每学期期中组织一次"爱要让您听得见·更要让您看得见"主题活动,征集同学优点。通过主题活动,不仅让同学学会发现优点,欣赏优点,学习优点,而且化同学矛盾于无形,增同学情感于无声。

采集优点单的过程,就是同学之间、师生之间互相发现、互相欣赏、互相学习、共同进步的过程。2008 年 12 月,学校在教育部委托华东师范大学举办的全国课程改革省样本校第 10 期校长培训班上,所作的专题讲座《让优点单亮起来》受到专家、校长的一致好评。

2.教师考评

省教育厅印发的《中小学教师职务考评登记表》是教师年度考核的主要形式,如何把职务考评与课程改革有机地结合起来,科学评价教师教育工作。促进教师专业成长,就成了课程改革必须迈过的一道"坎"。我校依据"看起点、比进步、论贡献"的评价原则,制订《教师教书育人手册》《教师发展规划手册》《教师职务考评实施方案》和《教师教学绩效考核方案》,丰富和发展年度教师职务考评的内容与形式。

在《教师职务考评实施方案》中,根据考评的内容和课程改革的要求,结合学校具体情况,给考评表的各个项目注入新课程实验的理念,使考评工作公开、公正和公平。

年度考评其中一个项目是"教研(教改)工作",分值 4 分,见表 2-1。

表 2-1 教师教研(教改)工作年度考评表

教研(教改)工作(4 分)	项目(活动)名称、级别	本人承担的任务	完成任务情况及成果

为了使教研工作落到实处,学校把这项工作纳入年度考评,形成一个评价制度:要求每学年每位教师参与一个校本化的教育科研课题活动,校本教研课题以秋季初申报为准。没有申报立项课题,而只有相关活动或论文,不得分;申报立项课题,而没有相关活动或论文,也不得分。把校本化教育科研纳入教师的年度考评,对促进教师专业化成长起着积极作用。

学校制度最本质的意义不是制约人,而是解放师生员工的内部成长的力量。我校的教师评价，充分调动教职工的积极性和创造性。2011 年 1 月，上海黄浦区教育考察团到我校调研评价说，"看起点、比进步、论贡献"体现了对教师评价的公正、公平与公开。

（二）讲故事：重情感，重体验

几年来，我校开展校园文化故事活动，让文化故事走进课程，走进师生的日常生活中，引导师生自我反省、自我评价、自我激励。

1.唤醒灵魂

影响学生成绩的最大因素不是智力，而是情感。课程标准的"三维目标"，归根结底是认知与情感的和谐发展。教育评价，需要评价学生的认知水平，更需要评价情感的提升。这需要教师以自己的灵魂唤醒学生的灵魂。

在学校"石鼓讲坛"上，何惠霞老师讲述了这样一个校园文化故事：

2010 届 4 班吴嘉微，初中毕业于松熹中学，中考成绩 7A2B，405 分，高中入学刚好踩到录取线。但在班主任的印象里，他是阳光、懂事的孩子。但就是这样一个学生，有一天，他突然提出要调整座位，理由是同桌太强了，感到压力过重。何惠霞老师从他的"理由"中洞察了"问题"：思维方向偏颇，没有融入集体。何老师经过心理疏导，让他明白了一个道理：友好的人际关系有利于情感的交流，有利于思维的发散。此后，他学会接近同学，在团体生活中互相帮助、共同进步，找到了快乐。此后，他慢慢地变了，与同学一起成长，同班级一起进步。去年高考，高出理科本一线 16 分，录取于一所重点大学。他打电话告诉何老师时，说他很开心，感谢老师、同桌、班级对他的关心和帮助。

这个文化故事向我们传递了重要的评价信息：学生的整体素质发展中，情感起着基础性的、内在性的、恒定性的支撑作用。因此，教育工作者要掌握科学的评价方法，从认知教育和情感教育两个方面科学地评价学生，促进学生的全面发展，并引导他们在自我评价中发展自己、提升自己。

2.自我激励

教育需要评价，需要评价他人，更需要自我评价。这种自我评价来自生活，感悟生活，是一种心灵的洗礼。

2010 年 7 月 4 日,初一年级召开家长会,没有校长的报告,没有老师的发言,只有学生演讲校园文化故事。赖鸿伟同学讲述了他履行图书馆协管员工作职责的故事:他训斥了一位高声谈话的高年级女生,说她影响了其他同学的阅读,那位高年级女生诚恳接受了他的批评,并向他道歉。正当他整理报刊忙得不可开交的时候,他发现刚才被训斥的高年级女生,正在默默地帮他整理报刊,让他很是感动。最后他说:"她是那么谦逊,那么平和,这深深地打动了我,做人就要有这样的心胸。"

尔后,我们询问了图书馆老师,说从那次以后,赖鸿伟同学的协管工作比以往更认真,对待同学更热情,改变了那种生硬的工作态度和方法。学生在实践活动中评价自己,从外部环境走进内心世界,是一种境界的提升,一种精神的升华。

教育部全国教师教育信息化专家委员、上海师范大学教育技术系教授黎加厚的评价是:晋江一中校园文化故事对中国现代教育做出很大贡献。在我校,文化故事在评价中成就师生崇高的精神价值,在评价中传播师生高尚的文化价值。

(三)传箴言:重引导,重激励

箴言是一种具有一定哲理的激励性评价。所谓激励性评价,就是根据发展的需要,引发学生的思考,激活学生学习的心理动机,使他们处于积极向上的状态。我校积极开展学箴言、传箴言活动,师生收集箴言、创作箴言和交流箴言,在图书馆,在教学楼,在科学楼,张挂箴言;在节假日,在重大活动,传送箴言,形成一道亮丽的教育评价风景线。

1.重在激励

2010 年春节前夕,400 名特优生收到了一张由我签字的精美贺年卡。下面是贺年卡部分寄语:

李诗仪:自我激励是改变自己信念最为有效的方法,因为它可以帮助自己获得自信,并能激发自己的勇气。

吴立航:目标是内心最深的渴望,它会给我们带来勇气和力量。回到自己的内心吧,倾听你的目标:它在呼唤你的行动!

高一年学生张某,父母在外经商,过年回家,一踏进门槛,就收到了校长的贺年卡,高兴地给孩子说:"校长比我们还操心啊!你得用心读书,才对得起校长啊。"随即向孩子要了校长电话,回了短讯,向校长及老师表示了由衷的谢意和新年的祝福。校长的春节寄语,连接老师、家长和学生的心,倾注的是一种情感,洋溢的是一种温馨。

某年泉州市高三质检后,高三年每个教师收到校长给的一个信封,这不是"红包",里面装有一张信笺,工整地写着寄语,摘录只言片语,与大家分享:

年段长、政治老师蒋运权:相信你的梦想,一定会化作石鼓山六月的蓝天,白云,轻风;草绿,花香,鸟鸣。因为真挚的情感和善良的愿望是人类一切创造的背后动力。

班主任、历史教师沈凤华:历史是一面镜子,它照亮现实,也照亮未来;照亮他人,也照亮自己。相信你在这 100 天的日子里,用"历史"这面镜子,在照亮自己的同时,也照亮学生。

2.重在启迪

箴言可以启迪思维,培养学生辩证的思维方式。我校倡导教师写箴言,评价学生的作业,让箴言走进学生平时的学习之中。下面是几则语文教师作文批改的评价。

张江琴老师给林伟煌《怎样看待人生》评语说:"以积极心态面对世界,世界就处处充满生机。"

黄莉老师给李雪婷《品味时尚》评语说:"从音乐角度切入,道出了今日的流行与昔日的古典。流行越发展,古典越不应该沉沦。流行与古典相结合是一种创新,符合时代发展,更具深刻的意义。"

法国著名作家安德烈·莫洛亚说过:"美好的语言,胜过礼物。"启迪性评价之所以能对师生产生深刻的影响,是因为它满足了人的高层次的心理需要。思维的高度决定人生的高度。启迪和开拓思维,不是企求精神的蜗居,而是为了追求人格的健全。改变思维、改变命运,凭借的是一个个成功思维过程的累积,是多种思维方式的汇集与运用。

评价制度的建立、文化故事的讲述、哲理箴言的传递,建立内容丰富、形式多样的多元化评价机制,为师生发展创造了良好的环境与氛围,重建师生的核心信念,迎来了晋江一中教育的又一个"春天",其教育质量必将更上一层楼。

美国课程理论家斯塔弗尔比姆说:"评价最重要的意图不是为了证明,而是为了改进。"我校教育的评价是多元的,无论是终结性评价,还是发展性评价;无论是认知性评价,还是情感性评价;无论是年度评价,讲述故事,还是传送箴言,都旨在唤醒和激励,引导每个师生走上成功道路。

二、立德树人导向的评价

(一)高考主题——"一核四层四翼"解读

1."一核":立德树人、服务选才、引导教学

"引导教学":高考指挥棒犹如交通指挥棒,各路车水马龙,导航、汇聚于一个旨归目标:以德才立人为贤。高考的特殊意义为国家对教育标准的绝对权威性,又把权威交给高等院校。高等院校使用权威,必然以高等考试方式严格"选贤",依靠高中教育"培贤",提供大基数的"贤人",确保有选择的自由与高质量。

因此,"一核"的表述,对高中教育来说,顺序应该倒过来理解:引导教学、立德树人、服务选才。用倒逼的方式,促使、督促高中教育质量提升。概括地说,"一核"表述的内容,就是共同围绕立德树人根本任务,高中教育"培贤",高考"选贤"。

2."四层":核心价值、学科素养、关键能力、必备知识

四个概念概括为价值、素养、能力、知识四大元素,四大元素又分为价值、素养两类。

(1)价值类。价值观是"四层"中三大概念外的另类概念系统。冠之以"核心",以区分价值观普遍性本质的特殊意义与要求。社会主义核心价值观的特殊性意义是制度性、社会化要求,切合中国国情。

(2)素养包含学科知识素养、学科知识能力化素养。学科素养观中知识素养与能力素养的辩证关系:二者相辅相成。根本条件是内化,内化根据是学习心理结构的谐调。根据是本质原因,即健康的心理结构。以下是对知识与能力普遍性本质的认识,其特殊性是"必备"与"关键",是为高考选贤人的特殊性要求与条件。所以在基础知识夯实、夯牢的前提下,要深入研究高考大纲,落实于教学,才能为高考提供好的"服务"。

概括而言,"四层"的四大概念表述,其实只是两大元素概念:价值观与素养。

3."四翼":基础性、综合性、应用性、创新性

"四翼"的四个概念表述,是对"怎么考"的回答。

"怎么考",结合四个概念表述的内容,就是以什么方法形式考你的能力。变的是形式,即考你的知识综合融通的能力,运用思想方法的能力,观

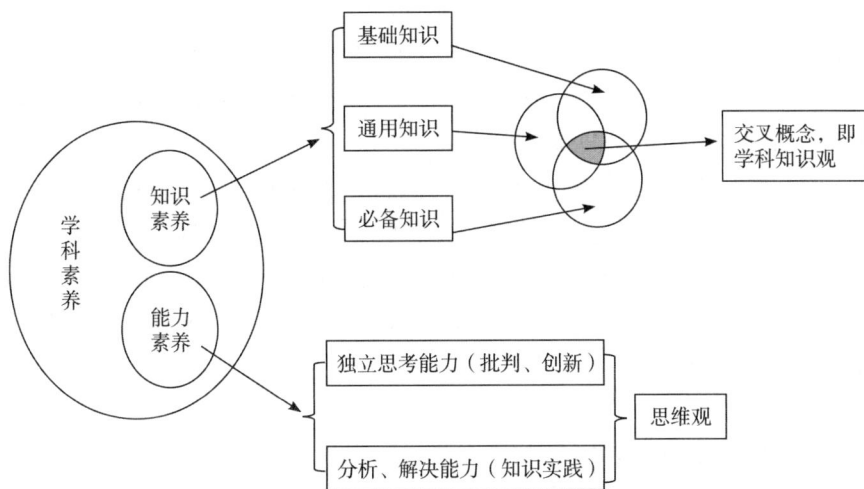

图 2-1　学科素养

察、思考、分析、解决问题的能力,理论联系实践的能力,批判与创新性能力等。所以考能力才是核心概念。能力从何而来?"能力"是人的主观条件,知识是客观条件。知识的客观条件通过内因化为主观条件,又以主观条件的能力使知识有用。——这就是高考"怎么考"的核心思想。老师掌握了这个核心思想,对怎么考就有了一个明确指导思想,高考的录取率就一定会提高。

高考的"一核四层四翼"表达的内容繁富,化繁为简就是三个问题:为什么考、考什么、怎么考。统领这三个经典式问题,去思考、研究教学,就获得了普遍性意义与特殊性意义。

(二)评价问题——"选课走班增值评价"应对

不管是办学、管理还是课程、教学、考试、评价,都面临"四个本"的冲突与平衡:学生为本、学校为本、学术为本、学科为本。十年来,晋江一中以哲学人才观统领服务教育,进行深入的探索与实践。学校坚持"学生第一"办学理念,以"学生为本"统摄社会效益、文化品位和学科教学,战略上探索"学科哲学",讲述"文化故事";战术上主要有两个抓手,即着力"四特生"发现培养和改革教学绩效评价,逐步完善考核制度,撬动整体教学效益及提升高考质量,实现学生、学校、学术、学科四本的平衡与融合。

1.目标上,落实学生为本

表面上,教学绩效评价是针对教师的教学效益,其背后却是关注每一个学生成长。原有的教学绩效评价模式,没有紧扣学生原有基础和成长空间,在标准、内容、方法、结果反馈及使用等方面都存在不足,特别是忽视班级差异和学生个体差异。这与学生为本的教育原则是相违背的,对作为教学绩效评价对象的教师也不公平。

2008年,晋江市教育局出台《关于加强普通高中教学管理提高教学质量的意见》,提出"看起点、比进步、论贡献"的评价激励机制。随后学校围绕"看起点、比进步、论贡献"九个字做文章、再拓展,确立了"三进三出"的教学目标,也就是低进中出、中进高出、高进优出,实施"成绩标准差等级制"模式,让教学回归到实现每个学生在原有基础上都有发展的轨道上来,落实学生为本。

2.操作上,完善评价模式

新高考新课程背景下,特别是"3+1+2"新高考模式下,无论采用哪种"选科走班"模式,班级管理模式还是以行政班为主,"教学班"只是"走班"时才出现,新高考行政班与传统的区别在于班级学生选科上存在多样性。

传统教学模式的"教学绩效考核"对象是学科和班级各个学科。新高考的"选科走班增值评价"遇到问题不是学科考核,而是班级学科结构不同、班级之间不好考核。

解决班级学科结构考核问题,不能采取避开选课学科,即只考核"3+1"学科的思路,而要采取考核"3+1+2"各个学科总分的思路。

新高考的"选科走班增值评价",就是要在原有教学绩效评价的基础上,把班级考核项目的变化考虑进去。具体操作程序如下:

(1)一条评价主线

一条评价主线就是"看起点、比进步、论贡献",即把同一年级每个学生的起始成绩转换成标准差,确定其排列位次;通过一段时期内两次测试,对比每一位学生成绩的标准差,可以分析得出他的成绩是否进步;再根据这一标准差的比较,赋予一定的分值,来判定教师的"贡献度"。

(2)一个等级结构

一个等级结构就是按照标准差排序,分为不同等级,形成梯度,分别赋予相应比例,据此确定每位学生的"起点"类别,之后每次考试都依照标准差将学生归入相应的类别。这个"起点"是学生成绩的起点,也是教师教学绩效评价的起点。三年起点相对固定,从而更直观呈现学生进步值、教师贡献值,有助于实现"低进中出、中进高出、高进优出"教学目标。

（3）一组评价指标

一组评价指标分两类共七个项目。第一类包括巩固率、提升率和平均分、及格率、优秀率等可以直接量化的五个项目。巩固率指的是学生考试成绩标准差仍居于"起点"所在等级类别的情况，提升率指的是学生考试成绩标准差在"起点"上的提升程度。而平均分、及格率、优秀率都是根据原始分转换成标准分后来统计的。这五个评价项目提供了大量有效的学生学习成绩的动态信息和数据。据此，教师从生活、心理、方法等方面指导学生改进学习及复习计划，或重"巩固"或重"提升"，以期保持或进入理想的"等级"。

第二类包括备课组协作情况、班级团队合作情况这两个量性与质性评价项目。通过数据分析、资料搜集、过程描述（如讲述"文化故事"）、同伴评议等方式，赋予其一定的分值。这两个项目的评价看似麻烦，实际上是"磨刀不误砍柴工"，有助于实现合作共赢，实现教学绩效评价改革目的。

（4）一个评价工具

学校自主设计、研发了"成绩标准差等级制"评价模式的应用软件，建立了计算机数据系统。据此提出的技术专利"一种教学绩效考核的方法及系统"（专利公开号：CN107316161A）已通过国家知识产权局的审查。

3.效果上，推动学校发展

（1）教学持续优化

借助各种评价结果及过程性资料，教师诊断教学问题，改进教学方式，学生则可以调整学习目标，总结学习方法，形成自主学习、自我纠错的能力，实现教学协同、师生共进。

（2）质量持续提升

近十年来，尽管入口生源情况不很理想，学校通过深入实施教学绩效评价，学生综合素质明显提高，高考升学率稳步提升。2012年晋江市中考，全市优秀考生1413人、占18%（预期可上本一），我校招录327人、占23.1%；三年后的2015年高考，本一上线375人，上线率66.1%。近七年，学校共21人考入清华、北大；2019年，一名同学获省文科第七名、晋江市第一名，6人考入录取清华、北大，本一上线率71.86%。2020年，一名同学获晋江市理科第一名，录取双一流院校222人，创历史新高。2021年，3人录取清华、北大，2人录取香港大学。

（3）根基持续夯实

保证教学质量是落实"学生为本"最基础、最重要的工作。只有抓好了这"一本",所谓学校为本、学术为本、学科为本才能落地生根,成为学校发展的营养、支架和推动力。

高考主题解读,是对教育国家意志的把握,把握准确就能做到导向教学,实现教育增值;教学评价应对,是对高考综合改革的及时回应,回应及时,才能无缝激发教学积极性,促进师生发展。

三、师德建设长效机制:三位一体,以诚为本

晋江一中的校训"诚严勤毅","诚"字为先。学校以诚为本,三位一体,构建师德建设长效机制。

(一)认知道德之核

中华文明的底色是农耕文明,靠天吃饭,什么时候耕,什么时候种,什么时候收,都有一定时间节点。只有如孟子所说"不违农时",才有丰收。于是有了"二十四节气"的时间智慧。

某种程度上说,"二十四节气"是大自然守时、守信、守规律、守诚,表达出中国古人对自然规律的敬畏。这种敬畏表现积淀成文化品格,就是诚。

商业文明对农业文明形成冲击,各种名利场破坏了诚的文化土壤。诚,不是源自内心的敬畏,而是交易契约的需要,这便是当代师德的现实背景。因此,学校有责任引导教师在认知上不忘传统道德核心之源,让道德回归初心。

从 2009 年开始,学校主要通过校园文化故事讲述,引导教师反思自我,强化教师"诚"的道德认知。用发生在身边的诚心诚意的楷模故事,让这些故事进入学校的"石鼓典藏",以榜样的力量和历史典藏的使命感,推动更多道德故事产生,推动认知"诚"之于师德的核心意义,提升教师的认同感、归属感。

(二)体悟道德价值

道德与虚情假意、大话空话是水火不相容的。道德不是光讲道理,而是富有实践性,是心灵内在的东西,需要亲身体悟。对内,真诚地对待自己,做人才能实实在在;对外,以真诚态度与行为让人感动,待人务求真心真意。

因此,学校提倡"实实在在精研业务,诚诚恳恳对待师生,老老实实为

人处事"的师德风尚;课上课下,真心真意对待学生;开会交流,不讲套话空话大话;教学教研,务求实实在在的成果。构建师德考评、年度考核、教学绩效评价、校长赠言相结合的综合评价体系,让教师通过自身实践以及教师淬能竞赛、教师成长文档、校长赠言等内外驱动,体悟道德给人带来的内心的安宁祥和、快乐坦然的安全感,体悟生产爱、能够爱、善于爱的幸福感,体悟生命不断充盈、积极向上的成长感。

师德是一种规范约束,更是一种修养、一种智慧、一种力量、一种人格魅力、一种最踏实的快乐。学校引领"以诚为本"的师风,让教师体悟道德之于自身成长的价值,是一种无形的、润物细无声式的长效机制。

(三)遵守道德原则

人要体悟到道德价值,形成自觉的状态,需要有一个过程。道德是有原则的,监管到位,奖惩结合,激浊扬清,这种外在的长效机制是必需的。

奖励方面,每学年进行"石鼓雨露芳"文化颁奖,评选"六德之师""功勋教师"。惩处方面,则主要有舆论监督、述职制度监督、问责制度监督、民主测评监督。

师德长效机制建设方面,有文化故事的认知机制、教师成长的体悟机制、奖惩结合的制度机制。三种机制三位一体,相辅相成,共同作用,切切实实地提升师德建设水平,塑造一支道德高尚、素质过硬又充满幸福感的教师队伍。

四、教师教学绩效考核

教师教学绩效考核主要评价教师履行法定的教师职责、岗位职责和其他工作任务的教育教学实绩,涵盖德育、教学、教育教学研究、教师专业发展的情况。教师教学绩效考核独立立项,其目的是提高教学质量和效率,隐含着对教师学识修养、教学智慧与能力的激发,以此凸显教师这一个特殊职业的创造性智慧劳动的特点。

(一)问题的提出

教师教学绩效,主要指课堂教学成效。以往的教师教学绩效考核存在着许多弊端,包括以下两个问题:

一是评价维度过于整齐划一。因袭的教学绩效考核标准一般以担任教学班的学期或学年考试成绩高低来评判。但是各班级学生整体水平不一、存在差距,不同程度的学生,却用同样的"尺寸"考核教师教学绩效,显然不科学、不公平。

二是评价结果过于急功近利。因袭的教学绩效考核以一次考试的平均分、及格率和优秀率为考核标准,没有关注教师教学、学生成长的动态性。一刀切的分数绝对化忽略了对后进生的教学成效,难以调动教师教学的积极性和主动性,容易导致职业倦怠。

这些问题不解决,就会影响教师工作的积极性,阻碍教学质量的提升。

(二)方法过程

1.第一阶段:追寻考核改革思路

教师教学绩效考核老路走不好,新路在哪里? 改革应该从哪里切入? 这是摆在面前一个实实在在的问题。

福建省 2006 年开启高中新课程实验,给教育改革带来生机活力,也给教师教学绩效考核带来了新的契机。2008 年 10 月,晋江市教育局根据高中课程改革的新形势、新发展,出台了《关于加强普通高中教学管理提高教学质量的意见》的指导性文件,提出:"要加强质量监控,以高一学生入学成绩为依据,通过跟踪来测评、监控学校的教学质量,建立'看起点、比进步、论贡献'的评价激励机制。"尽管文件没有进一步指出如何"看起点、比进步、论贡献",但是,这为教师教学绩效考核的改革提供了一个崭新的思路。

2.第二阶段:构建理论思想体系

理论是行动的先导,没有理论指导的行动是盲目的行动。明确教师教学绩效考核改革的理论指导是必需的。

改革教师教学绩效考核,必须以马克思主义促进人的全面发展理论为指导,以"学生第一"办学理念为行动方向,推动每一位教师专业发展,促进每一个学生自觉、主动地成长。根据这一指导思想,学校提出教育目标:三进三出(低进中出,中进高出,高进优出)。其意思是,经过三年的努力,让成绩偏低的学生,努力达到中等水平;让成绩中等的学生,努力达到优秀水平;让成绩优秀的学生,能达到更优水平。其理论基础是:不论个性有怎样的差异,但全面发展是层次性发展,就是通过教学,使每一个学生在智力、智能上完成由小到大、由简单到复杂、由低级到高级的变化过程。

改革教师教学绩效考核,关键是如何把握"看起点"。"起点"以公约数分出层面水平差,既尊重差异,又分别给学生可以实现的进步目标,发掘特殊性差别与共同进步之间的一致性,使两者趋于统一。但是,层面水平差是相对的,在发展变化中,必须不断调整,以避免误判伤害。根据统计学原理,教师教学绩效考核采用统计学的方法进行数据分析及处理,测算每一个学生考试成绩的标准差。运用标准差的统计方法,排除了原始分数排序、试卷难易度的不确定性,真实地反映学生的考试成绩。

3.第三阶段:建立考核发展模式

根据教师教学绩效考核的相关理论和学校实际,建立并实施"成绩标准差等级制"模式。

(1)确立一条评价主线

教师教学绩效考核的主线是"看起点、比进步、论贡献"。这是教师教学绩效考核的基本思路。一是看起点。考核一个教师的教学绩效,要先看他起始考试学生成绩的"家底",把同一年级每个学生的起始成绩,转换成标准差,确定其排列位次。这是考核的基点。二是比进步。经过一个阶段,或一个学期或一个学年的考试,将每一位学生考试成绩的标准差与其起点的标准差进行比较,可以析得成绩是否进步。对一个学生或对于一个班级而言,成绩标准差提升了,表明成绩进步了,提升越多,进步越大;标准差下降了,说明成绩退步了,降低越多,退步越大。三是论贡献。根据教师所任教班级的全体学生,通过先后不同的两次考试标准差的变化比较,来判定某一学科及配班各科教师的"贡献度",并赋予一定的分值。

教师教学绩效考核,重在"看起点、比进步、论贡献",具有以下优点:

①努力目标明确。每个学生都有自身潜能,都可能在原来的基础上有所进步,这激发了师生教与学的积极性和创造性。教师可以根据学生的差异,关注学生的思想、心理、方法等薄弱环节,加强基础知识学习,促进学生全面发展。

②保证考核公平。虽然各班学生成绩有差异,但教师教学绩效考核站在不同学生的"起点"上,相当于每个教师的绩效考核起点是由不同学生的学业"起点"合成的,只要学生上进,提升成绩的标准差,教师的业绩就会得到认可。

③激发教师热情。如果以一次考试成绩(即"成绩绝对值")来考核教师,不看起点,只看结果,就会挫伤相当一部分教师的工作热情。因为执教成绩相对优秀的班级的教师,可以不怎么努力就取得好成绩;而执教成绩相对差的班级的教师,大概率无论怎样努力也赶不上成绩相对优秀的班级。看起点、比进步、论贡献,使执教不同成绩班级的教师都站在公平的

"起跑线"上，无论是老教师还是新教师，都要付出自己的努力，谁也不能躺在曾经的"功劳簿"上，这充分调动了教师的积极性、自觉性。

（2）建立一个等级结构

教师教学绩效考核依据"看起点、比进步、论贡献"思路，进而形成科学等级的考核结构。一是确定等级类别。根据学校实际情况，按照标准差排序，把参与评价的年级学生的成绩分为 A、B、C、D 四类，A 类为优秀，依次排列，D 类为较差，形成一定的梯度。二是划定等级比例。根据晋江市教育局中招录取结果，对学生考试成绩的分类比例，分别给予一定的比值份额，即 A 类占学生数 20%、B 类占学生数 30%、C 类占学生数 30%、D 类占学生数 20%。三是标准差归类。确定每位学生的"起点"属于哪一类别并锚定，之后每次考试都要依照考试标准差重新归入相应的类别。这样，每个学生每一次考试成绩标准差位次都能归入相应的等级类别。这个"起点"是学生成绩的起点，也是教师教学绩效考核的起点。

评价等级构成了科学的考核结构，有以下特点：

①有利于教师反省。每一次考试，统计出学生成绩的标准差，划入相应的等级类别，这不是根本目的，而是促进教师直面学生的成绩标准差的变化，反省自我的教学观念、教学思想、教学目标、教学内容、教学过程、教学方法等方面存在哪些问题，通过寻找问题、分析问题进而解决问题。学校每一次大考，都是教师自我反省的"节点"。

②有利于学生反思。学生有时进步、有时退步，这是一个动态性的变化过程。评价等级的建立，让学生明白自己处于怎样一个等第位置，应该怎样面对问题、面对困难，树立向上的信心。学校每一次大型考试，都让学生寻找问题，在理解问题的同时认识自我。

③有利于师生交流。学生等级的变化是客观的存在，又是教与学双向互动的结果，需要寻找背后的原因，共同思考和改进。这就需要师生进行交流沟通，深入掌握学情。所以，每次大考过后，学校师生交流，彼此对话，成了学校一道亮丽的风景线。

（3）一组细化评价的指标

教师教学绩效考核系统，包括七个项目指标：巩固率、提升率；平均分、及格率、优秀率；备课组协作、班级团队合作。"成绩标准差等级制"模式给不同指标赋予不同的分值：巩固率 30 分，提升率 20 分，计 50 分；平均分、及格率、优秀率，各 10 分，计 30 分；备课组协作、班级团队合作，各 10 分，计 20 分，总计 100 分。七项指标分述如下：

①巩固率、提升率

教师教学要帮助学生巩固学业成绩和提升学业水平，保证在原来的基础上有所提升。巩固率和提升率是教师教学绩效"成绩标准差等级制"模式的重点项目。巩固率和提升率的评价是基于学生个体的。所谓巩固率，指的是学生考试成绩标准差仍居于"起点"中的那个等级类别，即 A、B、C 三个等级，D 等级不属于巩固率范围；提升率指的是学生考试成绩标准差从"起点"那个等级基础上的提升，如 D 等级提升到 C 等级，C 等级提升到 B 等级，B 等级提升到 A 等级等。一是明确起点等级。每个学生都有一个成绩标准差等级"起点"，学生明确学科的起点，教师要明确学生所在的等级。这不仅是教师教学绩效考核的"起点"，也是教师教学发展的起点，更是学生进步的起点。二是计算增减人数。同一年级考试，教学班标准差 A、B、C 等级的人数分别比较于"起点"中相应等级人数，是增加或是减少，增加或减少的数量是多少。A、B、C 等级降至下一个等级，视作 A、B、C 等级人数减少，不看作下一个等级人数增多。由 A、B、C 等级增加或减少人数与"起点"的 A、B、C 等级人数比较，就可以计算其巩固率和提升率。三是赋予分值规定。在"起点"后考试，在一个学科中，A 等级，多一个得 2 分，少一个扣 2.5 分；B 等级，多一个得 1.5 分，少一个扣 2 分；C 等级，多一个得 1 分，少一个扣 1.5 分。由此求得各个学科的巩固人数和提升人数，进而求得其巩固率和优秀率。再把年级各班各学科的巩固率和优秀率分别排序，各分成 A、B、C、D 四个等级，巩固率和优秀率 A 等级各得 25 分，B 等级各得 20 分，C 等级各得 12.5 分，D 等级各得 5 分。

②平均分、及格率、优秀率

这"三率"评价分数不是考试的原始分，而是转换成"成绩标准差等级制"模式中的标准分。衡量教师班级教学绩效的平均分、及格率和优秀率是否提升，不能只看分数的高低、及格率和优秀率是多少。比如同一个年级，一个班级数学平均分"起点"是 70 分，另一个班级的平均分"起点"是 50 分；考试后，一个班级数学平均分是 80 分，另一个班级数学平均分是 60 分，他们所增加的分数都是 10 分，但是不能说一个班级比另一个班级的平均分的绩效高；也不能说，两个班级平均分增量相同，取得一样的进步。科学地评价平均分、及格率和优秀率，要置于"成绩标准差等级制"模式中予以评价。一是确定达标系数。衡量不同班级的平均分、及格率、优秀率的教学绩效如何，运用统计学离散原理，制定相应公式，测算其不同的达标系数。所以，必须根据不同班级不同学科平均分、及格率、优秀率的"起点"，测定不同的达标系数。比如,上例假定一个班级数学平均分"起点"70分,测定达标系数是1.2,平均分84分达标;另一个班级数学平均分"起点"50分,测定达标系数1.1,平均分55分达标。二是测算是否达标。同一年级考试,根据达标系数测算考试的平均分、及格率、优秀率是否达标。如上例,假定一个班级平均分达标系数为1.2,那么平均分要84分才达标,考试平均分为80分,则不达标;另一个班级的平均分达标系数为1.1,考试平均分60分,则达标。三是赋予等级分值。在"成绩标准差等级制"模式中,平均分、及格率、优秀率,共30分,每项10分。以班级为单位,计算所有学科的平均分、及格率、优秀率的达标分值总分,进行排序,并划分等级,最后得出不同班级得到的平均分、及格率、优秀率的分值分别为:A等级得10分,B等级得8分,C等级得5分,D等级得2分。

在"成绩标准差等级制"模式中,巩固率、提升率、平均分、及格率、优秀率有鲜明的特点:

第一,完善考核评价体系。以往的教师教学绩效考核中,只以一次考试的平均分、及格率、优秀率这"三率"来考核教师绩效是不合理的。在"成绩标准差等级制"模式中,给"三率"增加巩固率、提升率,构成一个多层次、多角度、立体式的考核体系,丰富评价内容,使考核模式更趋于科学性、合理性。

第二,重视学生成绩变化。每次考试,既是稳态的,更是变化的,都给教师提供了大量学习成绩变化的动态信息。比如,有的学生就差那么一点成绩标准差,就可能上升到上一个等级,这不仅巩固了原来的等级,也给提升率带来了希望;有的学生就差那么一点成绩标准差,就可能掉入下一个等级,虽然原来的等级的巩固率保住了,但存在潜在的问题。

第三,关注学生个体发展。每个学生每次考试都面临着是"巩固"或是"提升"的问题,教师也面临着"巩固率"和"提升率"的问题。关键是找准问题之后,教师指导学生科学地制定计划,采取得力措施,运用有效方法,循序渐进,扬长补短,或是"巩固",或是"提升",以期取得理想中的那个成绩标准差的"等级"。学校倡导和推行"导师制",每个教师指导3~5个学生,关心他们的生活、学习、思想、心理等,取得了较好的成效。

③备课组协作

年级备课组紧密协作,能促进学科教学和研究的整体提升。在"成绩标准差等级制"模式中,把备课组的协作纳入教师教学绩效考核。一是确定参照点。评价备课组的教学绩效,必须确定最高参照点。同一个年级,无论是哪个学科,无论是"起点"考试,还是之后同一年级考试,都选出五个学生最高分的平均分,作为评价的最高参照点。假定起点数学学科,五个学生最高分的平均分为92分,那么这个分数就是"起点"评价的参照点。二是划分等级。对所有参加起点考试的学生个体成绩划分若干等级,大致每10分一个等级,如上例,由于数学的最高对照点为92分,那么A级为83分及以上者,B级为73分及以上到83分以下者,C级为63分及以上到73分以下者,以此类推。学生考试成绩有高有低,居于不同的等级。如果多集中在高位区,则说明成绩高,反之,如果多集中在低位区,则说明成绩低。三是赋予分值。同一年级考试中,确定同一年级的每个学科的最高参照点,依照四个等级,计算各个等级人数,并跟"起点"中相应等级的人数比较,可能发生变化,有增有减。A、B、C、D等级基本分值分别为2分、3分、3分、2分。A等级减少一个扣1分,B等级减少一个扣0.6分,C等级减少一个扣0.4分,D等级减少一个扣0.2分,各类基本分扣完为止。按比例进行A、B、C、D等级排序,学科备课组居于A等级得分10分,B等级8分,C级5分,D等级2分,即各学科备课组教师获得相应等级的分值。

④班级团队合作

班级作为一个整体,有两个主体,一个是学生,一个是教师。教师能否团结合作,关系到学生能否健康成长。在"成绩标准差等级制"模式中,班级学科教师的团结协作情况被纳入评价指标,即以班级为单位对教师进行考核。一是确定得分项目。这里的项目包括巩固率、提升率、平均分、及格率、优秀率、备课组协作等六项。之所以确定以上六个项目,是因为每个项目都离不开教师个体的努力,也离不开教师之间的配合。二是教师项目得分。在一个年级里,在某一次考试中,每个班级的每个老师都有自己的项目得分,即巩固率、提升率、平均分、及格率、优秀率、备课组协作等分数。在计算班级团队合作得分时,必须对教师的所得分数进行确认。三是赋予班级分值。统计班级教师项目分数的总量。由于教师获得的项目分数不同,所以每个班级学科教师分数合计结果不同,这是班级与班级存在差异。按比例进行A、B、C、D等级排序,班级居于A等级得分10分,B等级8分,C等级5分,D等级2分,即每个班级学科教师获得相应等级的分值。

在"成绩标准差等级制"模式中,备课组协作、班级团队合作有以下特点:

第一,在竞争中更强调协作。考核导向是促进师生发展,但如果只强调竞争,不注重协作,就会导致恶性竞争,比如教师不愿意交流教学信息和经验,或者同一班级不相互配合,彼此之间筑起一堵封锁的墙。这就需要教师之间通力协作,提升备课组和班级的凝聚力。

第二,在互助中共追求发展。每个教师都有自己的个性、专长,都有自己不同的学科视野;但每个教师也都有自己的缺点和局限,都需要向他人学习,相互帮助,取长补短。因此,需要把备课组、班级建设成一个共同学习的平台。

第三,在评价中同实现超越。教师教学绩效考核的根本目的是促进师生的发展。教师既要重视教学绩效考核,又不能被教学绩效考核束缚。教师在教学之外,更要有一种理想、一种胸怀,才能真正投入于教学研究与实践中,提升教学水平,促进学生成长,如此教学绩效必将随之"水涨船高"。

(三)主要成果

经过长期的研究和实践,"成绩标准差等级制"模式取得了一定的成果,具体如下:

1.建立了软件评价模型

教师教学绩效考核是一个复杂工程,覆盖面广、牵涉面大、数据量多。经过几年的摸索,学校建立了一个根植于教学实践,体现评价的公平性、公正性,促进师生发展的考核模式。学校根据考核模式的特点和实际需求,自主设计和开发应用软件,在计算机上运行程序,并建立计算机数据系统,保证了评价的客观性、准确性和系统性。

2.实现了三进三出

实行"看起点,比进步,论贡献",建立"成绩标准差等级制"模式,调动了师生教与学的积极性和自觉性,提高了教学的效率,高考成绩逐年提升。2012年晋江市中考,考生数18%为优秀生(本一线预期比率),人数为1413人,我校招录327人,占比率23.1%;三年后的2015年高考,本一上线人数375人,上线率达66.1%,在确保巩固率的基础上,提升率位居全市第一。几乎所有的学生在原来的基础上都获得应有的提高,让师生感受到了教育的获得感。

3.形成了辅导制度

教师教学关注课堂,也关注课堂的延伸,关注学生指导和帮助,也关注学生的互帮互学。学校建立三种模式:一是导师制。从初一或高一开始,师生双向选择,每位学科教师带3~5名学生。一学期为一周期,对学生进行理想、目标、学业、生活、身心等五项指导,一个星期师生至少见面一次,解决学生的问题。二是互帮制。根据学生优势学科与薄弱学科的差异,在自觉自愿基础上,学生一对一结成对子,互帮互学,帮助他的过程,也提高了自己。三是小组制。根据学生的需求,班级普遍建立小组学习制,讨论疑难问题的解决,交流学习心得和方法。教师和学生开展不同形式的辅导活动,提高了教与学的积极性和主动性和有效性。

4.讲述了文化故事

教育需要教师教学绩效考核,但必须超越教学绩效考核,感悟教育真意。文化故事是生活的记录,也是反思自我的载体。2009年以来,学校开展讲述文化故事活动,以故事文化为教师教学绩效考核赋予生命的价值。近些年来,师生创作了一万多个故事,正式出版或汇编《石鼓山的故事》《书房的故事》《价值观故事》等。学校开设"石鼓讲坛",至今已有400多位教师走向讲台,讲述自己的文化故事,体悟立德树人的神圣使命和教书育人的生命价值。师生讲述文化故事,理解生活的意义,唤醒对生命真谛的追求,最大限度地克服教师的职业倦怠和学生"厌学"情绪。

(四)效果与反思

1.效果

学校"成绩标准差等级制"模式,在社会上、在教育界,产生了一定的影响。

2011年元旦,上海黄浦区教育考察团到我校参观指导,评价说:"三进三出"教育目标体现一种教育公平,教师教学绩效考核体现一种教育公正。

2013年4月7日,在福建省教育学会联盟校会上,学校作《文化自觉:道德教育与制度规范的互动发展》经验介绍,对教师教学绩效考核有一个论述:"学校依据'看起点、比进步、论贡献',制定综合评价教师课堂教学绩效的工作方案。几年来,七次召开不同形式的座谈会,对评价方案进行修改。每一次修改,更趋于合理,臻于科学,更符合大多数教师的诉求,从此走出一条完善绩效考核体系,加快学校内涵发展的探索之路。"教师教学绩效考核给与会者留下了深刻的印象。

2012—2016年,有10多所中学到校参观考察,学习和借鉴教师教学"成绩标准差等级制"模式。

2.反思

教师教学绩效考核是一个艰巨的工程,虽然取得了一些成效,但也存在一些问题,必须予以解决,才能进一步提高考核的科学性和实效性。

(1)如何完善项目指标

决定教师教学绩效的因素有多种,"成绩标准差等级制"模式侧重于从巩固率、提升率;平均分、及格率、优秀率;备课组协作、班级团队合作等七个项目指标进行考核,还须进一步实证其科学性和合理性,在实践中不断地完善其考核指标。

(2)如何体现过程评价

严格意义上说,考核离不开终结性考核,但过程性考核也很重要,只有二者兼而有之,才能真正达到考核的目的,促进师生的发展。现在实施的"成绩标准差等级制"模式偏重于考核结果,还没有体现出考核的过程性评价。如何解决这个问题,值得去探讨。

(3)如何健全评价体系

教师教学绩效"成绩标准差等级制"只针对课堂教学成效的评价,没有全面、完整地反映教师的专业水平,如果不考虑教师的德育、教学、教育教学研究、教师专业发展等方面,那么考核便是片面的。所以,必须有相关的考核配套,才能真正构成教师职务考评体系,推进教师的专业发展。

社会在进步,教育在发展。在学校教育教学管理中,要不断地研究新形势,解决新问题。教师职务考评,教师教学绩效考核,也要不断地研究和实践,以适应教育形势日新月异的发展。

第三章

学生第一的校本课程

第一节　生本课程

一、从结构观到课程观

（一）教学结构观

作为教学科目和进程的课程，按章节，以内容为单位；按进度、过程，分时间单位；按施教行为，有节奏单位。各单位有序有节组合，是谓课程结构。

内容的阅读、分析、理解，是认知结构。内容的意义、价值、审美，思想的穿透力与升华，是思想结构。

知识有系统，思维有思辨、逻辑，两者合一完型于教学设计。设计建构，必备于教学提纲。

教学是一个庞大的知识工程，更是思想工程，提纲在握，无惧庞大。

（二）以结构观读文本

如李白的《静夜思》。"思"是抽象概念，"故乡"是具象的集约概括。"思故乡"有朦胧的具象性，但形象性不足，更缺乏个性特色。于是诗人有了"举头""低头"两个形体动作。经过艺术概括的这两个动作，由仰望明月到俯视月光,指向心理活动变化,最后归结于对故乡的思念。除了动作逻辑与心理结构,还有时空的契入,这一切都始于艺术构思,以语言为媒介完成作品,实现内容与形式相统一。

"星垂平野阔,月涌大江流",借月也可抒发磅礴、豪迈。

"野旷天低树,江清月近人",借月也能抒发婉约、多情。古典诗词教学,如果忽略了艺术构思,就有愧于经典。

又如老子《道德经·第十六章》。"致虚极,守静笃。万物并作,吾以观复。夫物芸芸,各复归其根。归根曰静,静曰复命。复命曰常,知常曰明。不知常,妄作凶。知常容,容乃公,公乃全,全乃天,天乃道,道乃久,没身不殆。"

段首的虚、静是总领,这是两个心理状态的形容词。致极、守笃,则是达到这两种心理状态的标准,要做到非常难,只是老子的理想追求。按常理,行文应该顺此展开论述。但老子转了一个思维方向,提出了"观"的概念。老子认为"观"要回归到万物发展变化的根本处。归根就是万物的终极,又是万物的发端,有如种子,静如处子。归根与复命同义,由复命推出"常","常"就是常理。老子认为从万物的本源、本根进行观察,才能"知常曰明"。推论至此,我们明白了老子对万物的终极思维形成的世界观。紧接着,行文对"知常曰明"进行推论。三字句顶真格,语意紧凑,语气急迫,常容、公、全、天纳入"道"中,概念内涵扩大、加深,成为第十六章最显眼的一个核心概念。"道"由世界观进入人文观、道德观、修养观,为中华民族创造了一个超越时空的哲学范畴。

其一,"道"。此乃内容包囊常、容、公、全、天,引申出五个子概念,构成其思想索引。思维从点到线辐射成面、成体,道就是结构之元。

是语言大师成就了思想大师,还是思想大师成就了语言大师?答案只能从语言与思想的关系中寻找。

其二,"致虚极,守静笃"。虚实相生,静动互变,盖因老子深谙辩证之理。

唯挑矛盾的一面,是为强调识道之明必致力于"虚"。虚者,排除世界一切之烦嚣,清空个人所有杂念之谓也。

"守静"的要求,是耐得住寂寞,静守孤独,给心灵一个宁静的家园,如此才可以自由地进行纯粹的思考。"笃"是确确实实地实行静修,毫不含糊,守住自我。

其三,"命"。老子指的是:"一切事物的本来状态或者最后归宿,即

'静',一切都归于寂静。老子善于从结局来看事物,显示了摆脱及超越的智能。"(引自傅佩荣:《解读老子·第十六章》)

在西方,哲学被认为是死亡训练,老子的终极思维,与其异曲同工。从生命的极限看待人生,其实是积极的人生态度。好文章必有好内容,好内容必有佳构。佳构中任取一个概念,你与老子似有千年之约,相互切磋。犹如观赏一座精美建筑,任取一个构件,从材料到材质,从形制到力学原理,从原理到标配契合,从观赏到启而创新,都取决于有一个好的结构。

《老子》第十六章的思想大于内容,是因为概念的概括成为哲学范畴。概念范畴包容庞大的思想体系,设计出一个最佳结构。显性结构是语言的严密逻辑性,隐性结构是思维的层层推进,抽象、思辨的升华。

正因为概念与内容严密、严谨的结构,才能存贮许多信息密码,才使今人有纷纭的阐释、解读。

课程、教材都有其内在的内容思想结构,而概念是结构的元件,教师的分析、理解都要源于对结构进行解构。教学设计,则是根据教学目标进行重构、建构。

(三)教育方针与结构性成长

聚焦德智体美劳全面发展的教育方针决定学生必须结构性成长。

但在智的认识上,容易出现偏差,以为智就是认知。正确复位,应是认识与心智相结合,又与情、意相关。

知、情、意是心理结构中最基本的要素,教师备课、授课都必须从教育心理学出发。

认知是思维活动,从不知道到知道是思维活动的结果。直接把结果告诉学生,是灌输。教师要激发学生思维活动,师生合作,引水入渠,在认知中强化思维能力训练。

思维能力首要的是如何遵循思维的规律,把握思维的规则。

认识从经验出发。脑力的思维活动通过实践积累为经验,还要以反思进行检验。反思的本质是思辨,是思维的辩证法。主观与客观是一对矛盾,永远处于对立统一的态势。客观的认识、真理是相对的,因为世界无限,人类的潜能无限,而人的自由意志往往容易越出界限,客观的态度就是高贵理性的一个重要标志,以客观的态度分析判别,克服偏知、偏觉、偏执。

认知只是心理活动的一个方面。没有欲望就没有需求。认知的前沿是求知欲。从经验到认识新知,由好奇心驱动,携带求知欲热情,又以专注、意志坚守,调动整体心理能量。所以教学考量的是教师的智慧、能力、方法和技巧。

教师也在结构中成长。知识结构扎实而不断拓展,心理结构完善而不断发现潜能,在经验中不断否定之否定。

结构性成长因个性、气质、禀赋而有差异,不平衡是成长中的常态。从不平衡中发现生长点,并以心理根据为前提,提供充分和必要的条件。这对于特优生、特长生、天才生及初露禀赋的学生,特别重要。

生命如建筑。夯基强基,孵化人才,结构一错位、一松散,无正形,基地上只是一堆杂料。

(四)道德结构观

道德结构的核心在于"诚"。

诚,诞生于华夏农耕生产活动。考古发现,古人非常重视识天象、测时间、守农时。为什么?因为农耕靠天吃饭。于是,从观察天象中创造出二十四节气。诚,就是按时间节点表而作,有了劳作之"诚",才有对物候、农作、劳动生活的审美情感。诚信由尊天地自然之道而进入道德核心,表现为天、地、人合一的古代哲学思想。这个道德核心生成的逻辑,完全符合经济基础决定上层建筑的马克思主义原理。

道德情感包含仁爱心与羞耻心。

人们根据道德准则进行活动。当道德准则与社会规范要求一致,从社会肯定到自我肯定,内心平安,生发出愉悦之心;而当有悖于良善,内心便会生发出羞涩、羞耻、羞恶的情绪。这两种心理反应,合二为一,共同构成了人的道德情感。只有不断通过道德实践实现自我净化,人才能提升自己的道德情操,达到真、善、美的统一。

道德结构最终指向美的人格塑造。

道德审美首先影响人的态度,外在的礼节、礼仪,是道德心理的外化。个性没有统一的标准,但在认同个性的前提下,必须要求有以诚为核心的三观。

提高自我道德修养,要从以下几个方面努力:首先要积小善以为德,体验善的智慧与快乐;其次要保持自律,享受自律带来的自由;最后要善待生命,感悟生命蕴藏的美好。

道德是一种意识形态,体现于社会主义核心价值观;道德是行为准则和规范,体现为实践活动约束;道德的底线,是一种舆论约束,体现为社会舆论警戒。道德,只有达到审美的体验,才可以说是道德结构完善。

(五)认知心理课程观

教育越来越复杂,是因为教育越来越重要。越来越重要,因此越来越复杂。有如核电站,多少科学研究、技术支撑、材料设备、防泄安保、环境生态保护……但最终目标都是核能电力。

"认知心理"概念的形成,是教育向人学观的重要推进。

认知心理过程大体的描述如下:

思想一有主张,开始寻找词语对其关注。内储的语言信息与外界现象入围思考。关注的持久,由意志力支撑,意志力又需要由好奇心驱动求知的渴望,点燃热情之火。

从关注、专注到持久,说不定就会"一念非凡",或"一念"而茅塞顿开,收获快乐。

科技越来越进步,进步到智能时代,知识爆炸,从信息到数据、云计算时代,物质与文化的产品越来越丰富,人的需要与追求进入多元化时代。你关注什么、为什么关注、如何关注,无不向人们尤其是教育工作者提出一个个追问。教育是育人,所以必须遵守一个基本准则:价值观。人是意义动物,没有社会主义核心价值观,你的关注一定会使人生失去意义和光彩。

心理过程由心理结构决定,心理结构又与个性、气质密切相关。兴趣、爱好、天赋、异禀之所以要加以爱护、保护,是因为内藏生命的热力。因此教育必须使心理要素之间不断自我调整,提供可能与必能之间的选择条件。

课程结构,说到底是认知心理课程观。从认知心理出发,社会主义核心价值观内化为情商、智商、意商,学生认知心理健康,教学目的达标。

二、统筹落实生本课程

学校结合实际,努力构建具有校本特色的课程体系,在选修课程开发、课程设置、育人模式转变等方面,对原有课程体系开展结构性、试验性调整。

(一)课程结构性改革

以学科本质观、现代教育观为导向,基于学科核心素养、学生需求、学校特色进行横向拓展、纵深发展,构建全面的、有效的课程体系,实现课程

结构的均衡性、综合性和选择性,培养学生的通识能力与跨学科学习能力。具体有四个层面的课程类别:

1.国家课程

(1)必修。

(2)选择性必修。

2.校本课程

(1)必选:校园景观课程、哲学启蒙课程、中学生素养课程、静修课程、文化故事课程、礼仪课程、劳动课程。

(2)自修:学科拓展课程、社团活动课程、先修衔接课程、课本剧课程、家庭书屋课程。

3.社会课程

(1)必修:实践探究类课程、五店市寻根、万达哲学、研究性学习(课题自选)。

(2)自修:志愿服务类课程、游学研学课程、研究性学习(规定学分之外的深度学习)。

4.发展指导课程

(1)必修:生涯规划类课程。

(2)自修:职业体验类课程。

(二)以生为本统筹课程规划

结合校本实际,统筹"班级小课堂、学校中课堂、社会大课堂"的课程规划,培养学生形成适应个人终生发展和社会发展需要的必备品格和关键能力,包括人文底蕴、科学精神、人格修养、抱负价值观、信仰情操等综合素养。课程全面服务学生的不同发展需求,促进学生个性发展,实现"课优生优"。

1.国家课程校本化

严格按照国家课程设置方案和课程标准,以"开齐开足"课程为前提,结合学校实际条件和学生特点需求,以"学科哲学"对国家课程进行二次开发和科学规划选修课,使国家课程校本化,满足学生升学和学科素养发展的基本需求,使学生领悟学科之哲、学科之理,感受学科之趣、学科之美。

2.校本课程特色化

结合地方特色和校本特点开发校本课程。除五大奥赛、科技创新技术、CAP课程、心理健康教育以外,挖掘教师特色专长,开发54门校本课程,每学期开设 40 门社团活动课程,每学年研究性学习超 60 个研究课题,以丰富的特色校本课程满足学生多样化个性发展需求。

3.社会课程综合化

结合社会需求与发展趋势开发社会课程,重过程、重体验、重综合,引导学生分工合作,培养协作精神、探究精神;善于思考,培养思维能力;体验生活,培养人文情怀。创造交流的平台和机会,培养学生公民素质,满足其社会化综合能力提升的需求。

4.发展指导课程实践化

开设生涯规划校本课程,制定"探索自我、认识专业、研读高校、职业体验、生涯决策"路线图,认真研判新时代人才需求,鼓励学生参加职业体验课程,制定科学的生涯规划。开展导师制,对学生的理想、学业、生活、心理、生涯规划等进行全方位的目标管理和引领。

(三)重构课程管理制度

依据课程改革的要求,重构课程管理制度,制定《初高中新课程实验工作方案》《选修课开设及学生选课指导工作方案》《研究性学习管理办法》《初高中衔接课程方案》《CAP 大学先修课管理办法》《学分认定办法》《综合素质评价办法》。实施选学和走课制度,满足学生选课需要。

探索建立学生网络选课管理平台,制定和完善校本化课程实施管理和评价制度及操作程序,借助信息化示范校"三通两平台"优势,创设学生选课平台,利用网络技术管理选课活动,提高了选课效率,使走班教学得到落实。

附:

❋ 高中新课程学业评价和学分管理

(2013 年 6 月 3 日修订)

为贯彻落实教育部《基础教育课程改革纲要(试行)》、《普通高中课程方案(实验)》和《关于进一步加强普通高中新课程实验工作的指导意见》的精神,根据《福建省普通高中新课程实验工作方案(试行)》、《福建省普通高中课程设置与教学管理指导意见》、《福建省普通高中新课程各学科教学实施指导意见》和《福建省普通高中新课程模块学习评价与学分认定实施意见(试行)》的要求,结合我校《高中新课程实验工作方案》,制定本办法。

一、学业评价与学分获得

建立高中学生发展性评价体系,各备课组要根据"多元性、多样性、过程性、发展性、实效性"的评价原则,综合运用观察、交流、测验、实际操作、作品展示、成长记录、自评互评等多种方式,全面考察学生的学业情况和综合素质发展情况,把学生的创新精神、实践能力、个性发展和健全人格作为评价的重点,通过评价促进学生全面而有个性地发展,为高中毕业获得相应的学分。

(一)模块学业过程性评价

模块学业过程性评价的方式应多样化。各学科教师做好学生学习过程的记录,建立《学生学习过程评价记录表》,并在每一模块学习结束后为每一位学生建立《学生模块修习成绩认定登记表》,各学科教师可根据学科或模块特点自行设计以上表格。班主任要指导学生建立学生个人的《成长记录册》,内容应主要包括:学生自我介绍、考试成绩记录、重大活动记录、学习日志、小论文、实验报告、调查报告、自评表、他评表等。作为学生个人成长历程记录,也可作为学业过程性评价的依据之一。

(二)模块学业测验性评价

模块学业成绩测验是终结性的成绩测验,目的在于检查学生在该课程模块的学习所达到的水平。基于概念、规律和知识学习的模块,要求学生掌握指定的知识与技能,主要采用书面的形式进行笔试,但必须考虑有适量的开放式或半开放式试题。属于开拓视野、实践活动的模块,最好采用开放式的开卷考试或表现式的测验,可要求学生解决一个问题、写一篇论文、参加一次实践活动或进行表演等等。模块学业成绩测验,包括书面笔试和开放式考试的结果,采用数值计分和等级计分相结合的方式,数值计分可分150、100等几种分值类型;等级计分可分为 A、B、C、D 四个等级,D为不合格;或计分为优秀、良好、合格、不合格四个等级。

(三)科目学分的获得

1.普通科目学分的获得

语文、英语、数学、思想政治、历史、地理、物理、化学、生物、信息技术和通用技术、音乐、美术、体育与健康、心理健康教育等科目,依据课程修习的时间记录、学生修习过程的态度、参与学习活动的情况、完成作业及各项学习任务的情况、从事与修习内容相关的实验和实践活动及考试成绩等认定学分。完成 36 学时的模块获得 2 学分,完成 18 学时的模块获得 1 学分。课程模块实际修习时间低于该模块规定学时数六分之五的,或书面笔试和开放式考试的成绩小于 60% 的,或过程表现等级评价为不合格的,该课程模块学分不予认定。参加省级教育行政部门(含与其他部门联合)举办的学科(含奥林匹克学科及科技、文艺、体育)竞赛且获三等奖以上的学生,可向学校申请免修相应科目必修模块的部分或全部学时及申请免予考试,经批准可获得相应学分。

2.研究性学习学分的获得

研究性学习学分的认定主要依据 5 个方面的材料:开题报告和课题研究方案,课题研究活动记录(研究性学习的选题、开题、中期汇报、结题、评价安排集中活动,按功课表内安排进行,每学分不少于 18 学时,大量的校外活动和探究活动则安排在国庆、劳动节、寒暑假等时间开展),课题研究中采集的资料、参考文献目录,具体反映每一成员参与研究的感受、体会小结,课题结题成果等。由指导教师根据《晋江一中研究性学习实施方案(修订稿)》的相关标准,对小组及小组成员进行评价,合格者方可认定学分。高中阶段研究性学习共计 15 学分,其中高一年 5 学分,高二、三年合并 10 学分。

3.社区服务学分的获得

学生三年内参加不少于 10 个工作日(每个工作日不少于 5 小时)的社区服务。学分认定依据学生服务对象单位的书面评鉴意见和学生参加社区服务过程的翔实记录。参加社区服务少于 10 个工作日的,不予认定学分。社区服务三年共计 2 学分。

4.社会实践学分的获得

学生每学年必须参加 1 周由学校组织的社会实践。军训是社会实践的必修内容,三年中军训安排不少于一周。依据社会实践单位(场所)的书面评鉴意见和学生参加社会实践过程的翔实记录予以认定学分。社会实践每学年 2 学分,三年合计 6 学分。

二、认定程序与学分管理

(一)认定程序

学校成立学分认定委员会,全面负责学分认定工作,校长是考核及学分认定的第一责任人。学校根据不同学习领域的特点成立若干学分认定小组,如地理科归人文与社会领域。学分认定小组负责相关领域学分的认定、评定的具体实施工作,并将结果上报教务处审核。

1.学生按规定完成课程模块修习并经考试、考核后,指导教师根据学分认定要求,填写《学生模块修习成绩认定登记表》和《学科模块修习学分成绩认定登记表》,并汇集其他相关原始材料缴交教务处。

2.教务处对提交材料进行审核,确认是否给予认定学分,由校长、教务处主任签署后确认。

3.对不能获得学分的学生以书面形式通知本人,并告知其原因。学生对学分认定结果如有异议,可在接到通知之日起10日内向教务处提出复议申请,教务处自接到申请10日内做出决议,并回复申请人。

4.学生因考试成绩不合格而不能获得学分的,可以申请重考或参加其他教学班相同学习模块的考试,重考合格后可获得学分;重考仍不合格者,允许重修或改修其他模块(必修课程和有必修学分要求的选修课程不能放弃)。重修要在接到学分不被认定通知后1年内完成(高三年级要在本学年第一学期内完成)。

5.综合实践活动中的三个科目,依据相应的实施办法组织活动与评价,指导教师、年段或相关处室按规定提供活动材料,经审核后给予认定学分。

(二)学分管理

1.学校严格学时、学分管理,不得以学分奖励学生。鼓励学有余力或希望多方面发展的学生修习更多选修课,以获得更多学分。

2.本省普通高中学校之间学生所得学分可以互认。外省转入我校的学生,其学分依据转入市、区的学籍管理规定予以确定。普通高中学生经学校同意在高等院校、职业学校修习课程的过程记录和考试、考查成绩可作为学分认定的依据。

3.认定的学分要分别记入学校学籍管理档案(包括纸质档案和电子档案)和普通高中学生发展性评价记录本。学生学分认定档案内容应包括学生在该课程(模块)修习过程中所用课时、学习表现评定结果、考试考查考核成绩、学分认定时间等。

4.建立学业评价与学分管理电子档案数据库系统,学校在校园网上建立学分查询和交互的平台,并向学生和家长开放。输入学籍辅号和学生姓名查询成绩和学分情况。未获得学分者,将重修或另选课程上课,以获得相应学分。

三、毕业资格与毕业认定

(一)毕业资格

学生毕业资格由学校根据上级有关规定认定。具有我校高中学籍的

学生并具备以下条件者,可准予毕业:

1.学生每学年在每个学习领域都获得规定的学分,三年内总学分达144分以上;

2.三年内学生综合素质评价合格以上;

3.学生参加普通高中学业基础会考规定的相关科目,并获得合格以上。

(二)毕业认定

1.教务处复核学生高中三年的学习记录材料和各模块的《学生模块修习成绩认定登记表》和《学科模块修习学分成绩评定登记表》,为每位学生计算总学分,判定学生是否达到毕业所要求的学分;

2.政教处依据班主任提供的有关材料,对学生综合素质进行评价,并向教务处提交"学生基本素质报告单";

3.教务处汇总学生基础会考规定的相关科目的测试成绩;

4.教务处填写《晋江一中学生毕业资格认定表》;

5.教务处填写毕业学生花名册,并填写学生毕业证书,由学校上报教育行政主管部门验印后发放给毕业生。

附件:

1.学生学习过程评价记录表。

2.学生模块修习成绩认定登记表。

3.学科模块修习学分成绩认定登记表。

4.晋江一中学生毕业资格认定表。

(备注:附件中的表格仅作为学生修习、管理之需,实行无纸化过程管理,毕业认定以学籍卡作为主要认定依据,上级教育主管部门或高校另行有规定的,则按要求出具相关证明)

❋ CAP 课程实施方案

(2019 年 1 月试行稿)

一、CAP 课程说明

中国大学先修课程是指在高中开设的具有大学水平的课程,旨在让学有余力的高中生及早接触大学课程内容,接受大学思维方式、学习方法的训练,让学生真正享受到最符合其能力和兴趣水平的教育,帮助其为大学学习乃至未来的职业生涯做好准备;同时也为深化我国高中教育教学改革,推进我国人才培养模式改革起到积极的促进作用。中国大学先修课程是中国教育学会敢为天下先、愿做领航人,勇挑重担、大胆创新的结果;该课程的开发、推广、实施,符合国家教育中长期发展规划,顺应国际时代潮流,与当前高考改革方案遥相呼应;该课程属于国家社科基金、教育部重点支持项目。

二、CAP课程科目

中国大学先修课程试点项目已从课程研发、教材出版、项目运行管理机制研究、学生信息系统和考试评价系统建设等环节,组织专家开展了细致全面的研究和充分的准备,首批研发了微积分、线性代数、概率统计、文学写作、通用学术英语、物理力学、微观经济学、宏观经济学等8门精品课程,并于2014年9月起在全国首批试点校开始授课。

学校已开设CAP课程有微积分、线性代数、概率统计、文学写作、通用学术英语、物理力学等课程。

三、教师资格培训

组织数学、物理、英语和语文学科的教师参加清华附中有关CAP课程资格培训,获得开设相关课程的资格。

四、课程开设

CAP课程开设也是遵循校本课程的考试程序,课程开设总体原则是"定时间、定地点",当然,个别特殊项目可以另当别论,但要向教务处教导处备案。

1.教师填写开设课程的申报表。

2.动员行有余力的学生参与选课。

3.组织课程开设活动。

4.组织学生参与全国考试。

5.学习的学分与学科课程的认定相同。

五、组织考试

1.组织学生登录中国大学先修课程试点项目,通过官方网站(www.csecap.com)进行试点学校学生考试报名、管理工作。

2.引导学生按照考试报名的流程进行报名。

3.组织学生按照考试时间和考场参加考试。

4.组织学生查找并打印成绩。

六、教师课题研究

1.申报"CAP课程的实施对培养高中生的学科核心素养的研究"。

2.组织教师参与课题研究。

七、实施保障

1.实践探究课程管理委员会领导组要做好"顶层设计",履行职责。

2.初高中实践探究课程实施领导组负责人理解实施方案,解读及细化实施步骤,跟踪指导,评价反馈。

3.初高中实践探究课程实施领导组做好培训、解释工作,提升师生对实践探究课程的理解,改变原来教育教学活动的习惯。

4.科学合理评价,让激励起着真正功效。

5.落实《晋江一中月工作量化津贴方案》的条例,及时发放津贴。

三、新课程实施和现高考

按"经济学"原则,"新课程实施和现高考应对",可简约为"课程和高考"。

思考按顺序三步走。

(1)"课程和高考"研究;

(2)"新课程和现高考"研究;

(3)"新课程实施和现高考应对"研究。

(一)课程和高考

1.课程

课程分为教学科目和教学进程。教学科目在先,教学过程在后,是主从关系。因为有学科教材的性质类别划分,才有区别性教学进行过程。教学过程通过教、学互动,获得教学相长。

所以,对于课程,首先是研究教材,根据教材的研究,设计教学过程,选择过程中的方式、方法、手段。

2.高考

课程教学的目标指向学生科学与人文素养。高考收窄了指向,因为只能以有限的考题对素养进行抽样检测,对教学做出反馈,同时因应大学所需要培养人才。

于是,课程教学和高考选拔形成了一对矛盾。矛盾是绝对的,只能以相对进行调解。

(二)新课程和现高考

两者是逆向关系。现高考的"现",是当下,是当下的情势促使对过往高考的反思,并进行改革,由选拔人才的紧迫性,倒逼原有的课程科目、教材进行优化调整,使"新"与"现"对标。这是否定之否定的扬弃,不是全盘否定。需要有哲学思辨,在传统中创新,创新中保留传统。

矛盾焦点转移,聚焦点是关于人才培养。

人才按类型分,可分为服务型人才、专业技术型人才、科学研发型人才;按市场要求分,可分为普适性人才、新兴行业人才、稀缺性人才;以及不以实用功利为目标的纯粹研究性人才;按时间跨度分,可分为当下、近期、中期、未来四个维度的人才需求梯度。

根据人口学与人才学观念,高校自然会有调整、汰除、新增等种种举措,倒逼高中课程教学改革。但是新课程一旦确定,进入稳定期,就形成了动态和稳态的矛盾。怎么办?

(三)新课程实施和现高考应对

"实施"和"应对",都是教育实践,只有实践才能使理论之河活水长流。理性实践,既为实践指明了方向,又给实践以自由。

高考永远是指挥棒,既是交通警察的指挥,更应该是交响乐队的指挥。

四、教学三观辩证淬能

教育的与时俱进,要求课程结构、教育方式也要作出调整。因此,必须重新树立教师观、学生观、课程观等教学三观。

(一)教师观与教学淬能

教师观的问题,归根结底是教师的成长问题。可以说,教育质量很大程度取决于教师自身成长的质量。教师观,既包含学校管理学意义上的教师观,又包含教师职业定位意义上的教师观,这两个维度密不可分。

1.教师是个体脑力劳动者

教师是个体脑力劳动者,是以消耗脑力为教育提供服务的劳动者。脑力劳动的普遍意义与教师的个体特殊性结合,劳动的成果是教育能力、智慧、质量,把学生培养成才。

教育是合作共赢的师生命运共同体,要处理好个体和群体的辩证关系。一个集体,如果没有个性的成长、没有个性的优势,这个集体是没有力量的。与此相对,如果太强调个性,缺乏同心同德的合作精神、核心凝聚力,教育团队就只能是数量上的群体。

凡劳动都在创造两种价值:自我价值、社会价值。教师的脑力劳动价值是两者的高度一致:教学相长,即在学生的价值实现中实现自我。教师变成知识的搬运工、绩效的工具,是教师职业本质的异化。把学生作为脑力劳动的对象,是塑造人的精神和灵魂、人格和才能,而不是物化为劳动的产品。只有从这个意义上,才可以说教师是学生灵魂的工程师。

为此,要形成涵盖"教坛新秀、教学能手、学科骨干、教学名师、教育专家"的教师成长阶梯,以激发教师智慧的潜能、奋斗的激情、创新的灵感,使其提升专业素养,拓展学养视界,塑造文化人格;打造教师教学专长,注重专业精进,鼓励个性发展;建立教师评价体系,看起点、比进步、论贡献,撬动教学质量提升;鼓励教师著书立说,以教师文集记录自我成长历程和为国育才的经验智慧;等等。

2.教师是育人导师

育人导师,一是传道授业解惑,二是心灵护航。教书育人,育人才是最终目标。育人的关键在育心理。教师要根据学生心理发育成长规律,明确学生素养成长梯度目标,在教学实践中观察发现学生的态度、行为表现,探索心理健康教育根据,引导学生构建健全的心理结构;开设心理健康与科学用脑课程,引导学生个性特长与心理功能的优化,掌握大脑功能与心理结构错综复杂的关系。因此,要求每一位教师都应该成为学生的心理导师。

3.教师是人才侦探

人才侦探要求教师练就三双慧眼:伯乐的慧眼、哲学的慧眼、时代的慧眼。教育的普及与提高是一对辩证关系,互为根据和条件。识人的特殊与一般是在尊重学生自由发展的前提下,以人才战略眼光,在教学实践中对学生差别性选择关注。

在全球化、信息化、网络化、智能化背景之下,我国社会主义建设进入新时代。教师必须依据时代特征和学生特征,对教师观进行重构,要有人才战略站位:具有世界视野、深刻的挑战意识,具有使命神圣感、强烈的爱国热情,具有责任紧迫感、自觉的责任担当。

这种人才战略站位,依据学校特点落到教育教学实处,要做到三点:

一要深化"学科哲学"实践。坚守"一核心(核心概念)两基点(问题教学、教学建构)四价值(文化、科学、人文、审美)"路线图。完善《学科哲学·各学科建设大纲》及实施办法,落实学科本质四维观、教学工程五章程、课堂教学五步骤、教与学两法则、教学量度标的(化压力为动能,以辩证法智慧,化烦琐为精粹,形成概念观与方法论;化艰深为通俗,进行知识实践;化知识为思维方法与思想工具;化固守为开放、创新)。要充分利用教学淬能竞赛的案例,反思教学实践,升级教学方法,淬炼学科哲学教学力,提升课堂效能。

二要分级别、层次开展教学淬能竞赛。青年教师开展学案研究、教案创作、课案实施"三案"竞赛,中年教师开展教育经验、教育智慧、教育创见"三教"竞赛;壮年教师开展职业精进、专业示范、事业引领"三业"竞赛。以主题竞赛,弘扬新时代教师观,应对新课程改革与新的中高考实施,为国家培养优秀人才,提升职业认知水平,淬炼育才力。

三要提炼教师教育智慧。通过大会成果故事分享、年度淬能优秀教师评选、结集出版书籍,激励教师,留存教学经典案例与教育智慧。

总之,新时期的教师,既是个体脑力劳动者,是育人导师,还是人才侦探。教师需要有理念信仰的引领和集中有效的管理,又需要有宽松、自由的环境。

(二)学生观与学习淬能

学生观要求我们必须把学生看作具有独立性、天赋性、成长性的主体。

一要尊重学生的主体独立性、特殊性,既要鼓励学生表达自我主张,又要引导学生承担社会期盼。他们目前的角色定位是学生,以后的定位是公民。在角色转换中不变的是教育供给合格素养的条件。有个性的一面也有社会性的一面。这样辩证地去构建学生观,比较能客观地定位学生的角色。

二要深信学生各有天赋,帮助其在学习与实践中发现自我。美国哈佛大学心理学教授霍华德·加德纳认为,人的基本智能可分为八种类型,即语言智能、逻辑数理智能、音乐智能、空间智能、运动智能、人际关系智能、自省智能和自然观察者智能。每一种智能就是一种天赋,而国家的教育体制和学校的教学管理制度,对教学内容、教学进度、教学组织形式都有规定,个性化的教学有种种局限,而教育所能做的,就是尽一切可能满足学生天赋发展需求。基于这样的学生观,我们应该尽可能创造各种各样的相对教学条件,尽量设计个性化的课程,去适应学生多天赋发展需求。

　　三要帮助学生形成内省、节制、努力、自我挑战的成长观。学生是成长中的学生,但有些学生的成长意识或成长欲望并不强烈,这就需要教师有意识地强化这种成长性。引导学生通过阶段性自我召回的方式进行内省;引导学生既不小视自卑,也不狂妄自大,达到节制极端情绪的目的;通过不断地排障与选优在挑战中实现成长。

　　基于这样的学生观,我们教育学生要能够化被动为自觉能动,使之成为主动学习的人;要教育学生化知识积累为方法、能力,使之成为会学习、有能力的人;要鼓励学生各依其智,创新学习方式和学习路径,使之成为良好个性发展的人;要引导学生思辨性心理调谐,使之成为人格健全的人;要创造条件让学生交友合作集思广益,使之成为懂得合作的人。

　　将之落到教育教学实处,要遵循学生成长梯度规律,分年段、班级、个人开展学习淬能竞赛:比赛预习,淬炼自我消化;比赛听课,淬炼深度理解;比赛复习,淬炼知识精华;比赛作业,淬炼实践运用;比赛考试,淬炼获得收益;比赛拓展,淬炼扬长避短。要利用班会、年段会、升旗仪式、学生大会等场合分享故事成果,评选学年度淬能优秀生,结集出版学生成长文档。

　　(三)课程观与实践淬能

　　课程是一所学校的核心竞争力,是既符合学生发展需求,又要与时俱进、不断更新的文本体系和执行制度。

　　课程教材是教学传播的介质,也是知识信息第一资源,这是文本。课程的执行者是师本,教师的学养、智慧、道德人格以及情感、态度、价值体系决定对生本信息传播的质量与效率。

　　课程观就是文本、师本、生本互动生成的动态的课程结构观:基于文本的教学过程,师本与生本互构、互动,信息经目标筛选,完成教学任务;课程三维一体是课堂,为师生共同成长创造优质环境。在课程实践淬能过程中,要化三维为一体,课堂结构稳定而灵动,教学生态活跃而理性;要化复杂为单纯,单纯而丰富;化模式为智慧技巧,每堂课有规范而创新。

　　将之落到教育教学实处,要组织骨干教师进行文本解读创新示范,组织课程、课堂结构设计竞赛,摄制生态课堂案例,定期举办课程教学论坛,展示教师与学生的教件、学件、作品的展览会,并将课程精品集萃成册。

　　教育有规律,模式不是规律的僵化,是实践在探索中的相对规范。要不断探索、不断改革,在实践中淬炼能力与智慧,不断适应学生发展的需求,不断规范创新。

第二节　校园景观课程

一、课程理念：石鼓景园，文化育人

著名教育家苏霍姆林斯基曾经说过："学校的物质基础是对学生精神世界施加影响的手段。"也就是说，一个与教育教学工作相和谐的、优美的校园环境，可以潜移默化地陶冶学生的情操，塑造学生的心灵，其育人功能不可小视。要落实"学生第一"理念，教育的自然环境与人文环境的设计也是教育实践的重要一环。

基于这样的思考，学校始终注重校园环境的美育功能，着力营造良好的环境氛围，追求"润物细无声"的教育境界，让一花一叶、一草一木、一景一亭在学生的成长过程中留下印记并发生作用。于是，基于校址历史特点，经过几轮的重修新建，学校集约学校里的楼、馆、亭、舍、园、门、道、廊、台、桥，树、花、草、石、水，对学校建筑景观重新命名，创生"石鼓景园"：

三大校门：北大门、南开门、清华门；

六亭：吟风、听雨、映梅、问天、邀月、摘星；

十景：鼓阗环宇、鼓台飞歌、鼓园躬读、鼓声和鸣、鼓楼晋贤、鼓榕迎春、鼓师烛影、鼓根盘龙、鼓浪远影、鼓韵涵晖；

十七栋大楼：日知楼、慎思楼、博贤楼、求是楼、翔美楼、谐和楼、致远楼、思诚楼、思严楼、思勤楼、思毅楼、思本楼、思源楼、怀远楼、怀德楼、众言堂、江海学堂。

门是界域的起点启程，又是人生跨越升华的象征。学校的东大门正对青华社区，所以取社区"清华"的谐音。清华门的造型有一部分取自于清华大学的元素，如同两条巨龙盘旋于石鼓山麓。当时学校发动全体师生共同参与清华门的设计，所以清华门更多地被赋予一中师生们美好的愿景和希冀。北大门的建筑融入闽南的建筑风格，上面刻有学校的四字校训"诚严勤毅"，这里也寄予了学校对学子的殷切期望，期望学子能葆有学成之后不忘故乡的情怀。

清华门是面向青华社区的迎宾主门,北大门是面向北方的日常出入的大门,南开门是朝南开的人员出入的大门。三个大门的命名,融合朝向、社区、名校等元素,三所大学是中国教育的高标,是我们敬仰的目标,也是一中全体学子的理想和追求。

六亭文化韵味丰富的命名,寄寓"春意早临花争艳,夏荫浓郁可乘凉,秋色多变看叶果,冬季苍翠似春天"的愿景。吟风、听雨、映梅三座亭的命名触发学生欣赏自然,蕴含人与自然的和谐之美;问天、邀月、摘星三座亭的命名,则引导学子养成对未知领域的探索精神。

校园十景的命名,既以学校所坐落的石鼓山的"鼓文化"为核心,又依据校园景观特点与功能,极具地域文化特色和校本文化特色。比如,"鼓阗环宇"意为鼓声充满、填塞全球,以之命名中央是一个地球仪的喷泉广场,寄予了学校希望学生拥有放眼世界、胸怀祖国的胸襟,并能积极入世,向世界发声,为人类做出贡献。再比如,升旗广场就像一面大鼓的鼓面,多块大石散落在周边,像是镶嵌在鼓边的"鼓钉";同时,以中间的圆为核心,旁边的石块就像各个学科围绕运行,这也体现了我校的学科哲学的中心思想"一核心、两基点、四价值";以"鼓声和鸣"命名之,寓意师生彼此思维的碰撞,在相互交流中,才能重新认识自我,聚集向上的力量。

大楼的命名,既根据其功能,又融合意蕴丰富的文化概念。如大会堂命名为"众言堂",这里面既包含了作为一所学府应有的兼容并蓄的学术氛围,也包含了言者大胆发声的勇气、坚守自我的信念,以及捍卫自由的精神;博贤楼集图书借阅功能、办公功能、展馆功能于一身,取博采众长、贤人辈出之意;教师宿舍大楼名为"致远楼",是希望老师们拥有宁静致远的心态。各栋大楼名称共同组成"概念体系",比如,日知—慎思—博贤—求是—翔美—谐和,日知为智,慎思生慧,博采众长,格物求是,翔意求美,调谐致和,展现的是个人修身治学的循序渐进的过程;思诚—思严—思勤—思毅,融合"诚严勤毅"校训催发师生秉承其中的精神。

另外,校训"诚严勤毅"四字经、校友博士榜、名人警句,昭示着一中人侨中人的向往和执着;孔子雕像、文化墙散发着文化气息;校史展览馆、文化艺术馆、蔡建昌版画馆等"九大展馆"弥漫着艺术的浸染。所有这些,诉说着动人的故事,蕴含着做人的真理,激励起师生求知的渴望。

学校通过大楼、亭廊的命名,营造文化氛围,丰富学校内涵,提升学校品位,使校园蕴涵着高雅的情趣美,隐现出淳厚的和谐美,强化了环境育人的美育功能。各楼馆及景观命名无不彰显学校的办学底蕴、哲学思考和人文光华,让师生在美的熏陶中,静心养气,激发思索,快乐地学习与生活。实际上,校园的每一个角落,都能看到一种浸透着浓郁馨香的艺术之美,一种到处充满生机的环境之美。生态、雅致、人文的校园呈现出真善美的品位,让师生深受校园文化的熏陶濡染,塑造师生健全的人格,激发学生的求知欲和创造力,培养学生强烈的责任感和使命感。

"石鼓景园"的创生,对学校在器物文化的层面进行了重新建构,进而丰富学校文化的哲学内涵,提升办学环境的美学意蕴,使学校的办学历史变得清晰可见,也使学校的办学理想有了活生生的物质载体,同时彰显了学校个性、学校品格,提高了学校的文化辨识度、审美辨识度。它们将成为新的文化基因,植入每一个一中人的精神成长当中,使晋江市第一中学具备了人文底蕴、学术追求、现代气息等示范性品位。

这一方面在器物文化的层面进行重新建构,以丰富学校文化的哲学内涵,提升办学环境的美学意蕴;另一方面,命名过程也实现了校园景观对师生的教育功能。不但如此,学校还将之与校园文化故事结合,推动景观故事讲述,进一步推动景观教育资源内涵的丰富。应该说,"石鼓景园"这一教育资源的创生,不仅仅是物质层面上的资源优化,更是精神层面上的资源优化,营造出的校园文化氛围,具有润物细无声的人文教化功能,让师生在潜移默化中成为有人文精神、有教养、有风度的儒雅的知识分子,让所有的学子从晋江一中毕业之时,也带着某种强大的心灵共性。也唯有如此,一所培育生命素养的学校特有的文化气质、人文精神才会长久且有价值地存在。

总之,学校坚持以哲学与美学统率办学理念,坚持"学生第一",创生"石鼓景园",不断从外因到内因,从主客观角度促发学生审美思维,形成审美品质,引导学生逐步实现美的发现、美的咏叹、美的创造,春风化雨实现文化育人。

二、课程方案

先有石鼓山,后有一中园;师生传轶事,校史历变迁。六十多年来,一中景园经历由自然石鼓到人文石鼓的嬗变,自然与人文交融成石鼓景园。更重要的是,这石鼓景园的内涵将一直被新老一中人重新定义、不断丰富,因为,新的联系与故事在不断发生。

鉴于此,为践行"学生第一"办学理念,激发师生爱国、爱乡、爱校热情,培养师生高尚的审美情趣,建设书香、绿色校园,落实综合实践活动课程,学校举办晋江一中、华侨中学"石鼓景园"文化作品征集活动。希望广大师生聚焦校园景观及其人文底蕴,围绕征集主题,以"求新求变求道法,乐思乐学乐收获"的人文情怀,擅长的艺术方式,表达自己的理解与感怀,让晋江人感悟石鼓山处处有风景、满园有故事。希望广大师生、家长踊跃参与,积极投稿。

(一)征集主题:石鼓景园

三大校门:北大门、南开门、清华门;

六亭:吟风、听雨、映梅、问天、邀月、摘星;

十景:鼓阗环宇、鼓台飞歌、鼓园躬读、鼓声和鸣、鼓楼晋贤、鼓榕迎春、鼓师烛影、鼓根盘龙、鼓浪远影、鼓韵涵晖;

十七栋大楼:日知楼、慎思楼、博贤楼、求是楼、翔美楼、谐和楼、致远楼、思诚楼、思严楼、思勤楼、思毅楼、思本楼、思源楼、怀远楼、怀德楼、众言堂、江海学堂。

用文字定格对景观的情思,用故事镌刻景观与人的传奇。

(二)征集作品

诗歌短文,文化故事

(三)参加对象

全校师生、家长。

(四)征集时间

2017 年 9 月 26 日—10 月 22 日。

(五)征稿要求

(1)文字能与景观相配。

(2)诗歌短文 100 字以内,文化故事 1000 字以内。

(3)全体学生于 2017 年 10 月 22 日前投稿到各班语文学科班长处,学科班长收齐后交到本班语文老师处,每位老师精选十篇(每班五篇)发至教研组。

(4)电子稿规格:页面设置 A4 纸,标题宋体三号加黑,正文仿宋四号字,行间距固定值 28 磅。所有作品需原创,注明班级、姓名。

2017 年 9 月 25 日

三、成果例举

❋ 石鼓六亭

2017 届高三年　柯荣杰　指导老师:陈秀燕

吟风

瑟瑟秋风,孤亭翼立,雁字回时草木泣。任凭秋露为霜,韶华正举,大鹏展翅赴青云。鱼书云天外,谁念晚钟鸣。

听雨

方才穹隆霹雳,原是击鼓鸣金。念风云之华夏,谁主阴晴? 庭阶新绿,不见蹑履,却是雨仙来过,凝眸道春信,声声耳边听。

问天

阴阳割裂,日月更迭,白蜺婴茀,常仪知耶? 怆幽州,寻广漠。坐观星灯千万盏,遥思澧水,可悼香兰不?

邀月

庭幽凉暑翠筠疏,泛水空游,飞鱼饮露。万载长情月,人间广寒宫。

摘星

天门开,独访南箕北斗,一探光华、幽暗。群星潜,托苍龙,"墨子号"前述我少年梦。

映梅

西斜花影伴月魂,书声琅琅,玉露犹存。撷得三分雅意,卷中七分。

❋ 摘星之境

2016级初二年　王郑烁　指导老师：庄娇蓉

　　儿时摘星，是妄；少年摘星，是梦；而今摘星，是思。摘星之境，乃广也。

——题记

　　夜，我独自一人漫步在校园的大道上，白日的余温似尽未尽，晚风吹来，依旧凉。不受控制的双脚拖动着整个躯体，走向一条似乎陌生却又熟悉的小道，道旁树木葳蕤。远处，一条长亭在夜色中若隐若现。走近一看，"摘星"二字映入眼帘，顿时，思绪缥缈……

　　儿童时代是充满天真与幻想的。记得初识月亮，还是在李白《古朗月行》中的"月"字里。常常独坐窗前，渴望摘星触月，幻想着月亮之上的神话，渴盼看到"迢迢牵牛星，皎皎河汉女"，感受天阶夜色的凉如水，直到我来摘星亭。

　　那日夜色似今日一般，少了几份孤独，多了几些诗意。当时那还是座无名亭，长长的亭廊间稀稀有几片落叶，亭身金黄，我坐于亭上，茫然地在夜空中搜寻星辰，悠然发觉，每一颗星似乎都离我近在咫尺。我伸手企摘，却仿佛触到了一层尘纱，隔着我与星，却又通透飘忽。我头顶星辰，脚踩繁华，已在心中埋下一颗种子……

　　几年后，亭子还是老样，我却变了。我蜕变成了少年。少年时代，是充满激情与活力的。那时我读到曹操的《观沧海》：日月之行，若出其中；星汉灿烂，若出其里！仿佛天变成了海，海变成了天，海天一色，孕育着芸芸众生与星辰。我时常渴望从水中捞出一颗星，但那终究是徒劳的，我只能带着一身水淋淋，颓然地望着苍穹上遥不可及的星。每每这时，我总会来到那座亭，凝视只属于我的那片天，拥抱只属于我的那片星。这时，天地似乎狭窄了许多，心与星的距离，便是天地间的距离。

　　而今，我就这样默默地坐于摘星亭内，久久仰望星空，内心的疙瘩逐渐迸裂，伴随青春期而带来的浮躁也如冰雪般消融。

　　观星，我看到的不是李白所看到的玉盘，也不是神话中的嫦娥玉兔，更不是曹操胸中的雄壮山河，而是一片天地，一片广阔的天地，什么都有，又什么都没有的天地。它撇开世俗与繁华，仿佛世界忽然宽了许多，不再只有我和星，还有一切。

　　这是心灵的境界，心胸的宽广，塑造出的一片世界，心的境界决定世界的广度。这时,我想起了诗圣的一句话,危楼高百尺,手可摘星辰。

不知不觉间,我已离开了摘星亭,来到大道上。我走了,没有带走一颗星,但捎去了心灵的境界。

危楼,是高妙的心境;星辰,是虚无的世俗之物。摘星的境界,乃广也。

第三节　哲学启蒙课程

一、课程理念:生命哲学和学科哲学启蒙

❀ 时间箴言

1.我以亘古的太阳,在每一个黎明剥一粒新鲜的蛋黄,让平凡的日子铺洒霞光。

2.我是你唯一的生命成本,利润最大化是创造生活的质量。

3.我是你的年轮,你要站成一棵树的形象。

4.我欣赏主次、轻重、缓急的节奏,倾听你如歌的乐章。

5.我喜欢你的挤压,吝啬中让我看到你智慧的光芒。

6.我厌恶惰性,别让我成为你指缝间的流沙……

❀ 课室铭

开卷欲何求? 道也。老子曰:道由"有名"(文字概念)达"万物之母"(世界幽微之本质)。故闻道起于问道,问道首于概念。

孔子《学而》,学思结合;今者,学而思则问,故概念为问之源。由概念之问,演绎世界万象,寻觅根据、条件,则得规律;概念繁集,问逻辑何在,则思维清晰;高屋建瓴,问抽象、具象如何思辨,则入辩证法精髓;更问形象何以大于概念,则深究文学之殊异也。

闻老子、孔子之道,闻马克思主义之道,融通古今中外之道。闻道者,

思想践行之谓也。步步设问,道可得也。道外有法,传道始能达人。

撰此《课室铭》,莘莘学子能终身受益否?

箴言,乃规谏、劝诫之言。

时间箴言,即为规谏、劝诫高效管理时间、提升生命质量之言。

铭,乃刻于器物之上,用于警诫自己或综述功德的文字,后来成为一种一般为韵文的文体。

课室铭,即为教室之中,对于课本内容解读路径的哲学概括。

《时间箴言》和《课室铭》,是学校办学特色项目"时间管理"和"学科哲学"的一次课程化顶层设计。历经学生深度阅读和思考、师生共同破题解读、学生深度表达写作等阶段,有利于把时间管理的意识和学科思维的种子播撒在学生的心田。

我们深信,这样的课程活动,能够引导、触发学生对时间本身进行一番深入的思考:时间是什么? 时间有什么特点? 时间对于人的意义是什么? 要如何对待、利用时间? 甚至,有的学生还会进一步反思生命的价值和人生的意义。

我们深信,这样的课程活动,能够促使学生追问学科的本质、探索学科思维、欣赏学科之美:语文学科学的是什么? 数学有几种基本的思维方法? 物理研究的核心问题是什么? 化学之美在哪里? ……常常如此思索,何愁不能高效提升思维品质,切实提升学科素养?

当然,我们深知教育教化之艰难,时间管理和学科哲学的理念,不是一次活动就一劳永逸,但我们更深信,总有些种子会生根、发芽、开花、结果,不管学生选择《时间箴言》还是《课室铭》进行解读,解读的过程本身就能够切实提升自身的深度阅读、思考、表达能力,引导学生抓住核心概念,治理知识碎片化,铸魂育人,在学科融合活动中培养理想信念、道德情操。

学生的文章所呈现出来的感悟与思考,或体现出青春的激扬与高蹈,或呈现出对学科学习路径的反思,或提出对《课室铭》文本的质疑,或展现对人生价值与意义的探索。即便由于阅历与阅读的局限,学生的解读可能会稍显稚嫩,但其认真的阅读、思考的态度与写作的激情是值得肯定的。与之相应的,我们尽可能地保留原稿文字,让学生真实体现出与自身所处素养梯度相对应的思维水平,作为学生成长的阶段性印记留存。

《时间箴言》与《课室铭》融合成设计精美的"校长寄语卡",方便学生保存与随时取阅,天天警醒,时时反思,砥砺成长。

我们当然也希望能够多学科融通地完善课程,比如,《时间箴言》的每一句话都是一幅画,我们期待《时间箴言》美术作品的出现,在绘画构思与创作过程中,时间管理的理念会在笔端渗透,融入内心。

我们的初心,是在学生的心田播撒下反思与追问的种子。这是对生命哲学和学科哲学的启蒙。

二、课程方案

(一)目的意义

为落实时间管理和学科哲学,高效提升学生思维品质,切实提升学生深度阅读、思考、表达能力,铸魂育人,在学科融合活动中培养学生理想信念、道德情操。

(二)释题

箴言:规谏、劝诫之言。时间箴言:规谏、劝诫高效管理时间、提升生命质量之言。

铭:一种刻在器物上用来警诫自己、综述功德的文字,后来成为一种文体,这种文体一般都是用韵的。课室铭:教室之中,对于课本文本内容解读路径的哲学概括,是学科哲学思想的一种阐释。

(三)活动

1.让学生深度阅读、思考、表达

(1)学生自主深度阅读。学习小组讨论、交流心得、读书笔记。

(2)引导学生治理知识碎片化,就是概念核(灵魂、中心思想)。(以大楼命名,石鼓景园为例。没有概念核就没办法统领材料内容。例子:科技是概念核,拼图是内容包。教学的发生就在于文本阅读,浅阅读与深阅读。中心思想从概念核中来。)

2.教师学生共同破题解读

各教研组组长组织老师解读《时间箴言》与《课室铭》:以概念核和内容包思想为指导,进行评点式交流。

概念核与内容包,核心与包;内涵是本质,决定外延的范围。要思考如何嫁接,与时代信息联系起来。调动语言学(语义分析)、文章学(概念核和内容包的关系)、逻辑学(演绎和归纳)、哲学(辩证法)等知识来解读《时间箴言》与《课室铭》。(例:"一带一路")

3.天天警醒自己(宿舍、教室)

制作"校长寄语卡",让学生每天与《时间箴言·课室铭》见面,时时警醒自己,觉悟到了什么。

4.学习引导"挑战不可能"竞赛形式,落实《课室铭》思维训练

预习课文中挑选、发现概念核,阅读文本——概念核——学生讲解如何寻找到这个核心概念。(例:语文教学要紧扣素养梯度目标(概念核)、社会主义核心价值观)

5.可作写作素材

作为写作素材(下半学期)推动读文、审题、破题、引题、解题。

6.多学科知识融通

时间箴言里是一幅幅画。开展《时间箴言》美术大奖赛。

(四)写作

(1)任选《时间箴言》或《课室铭》写一篇作文,初中不少于 600 字,高中不少于 800 字;鼓励多选、多写,记叙文、散文、议论文皆可,题目可自拟。

(2)各班交语文科代表,科代表收齐后交语文老师。具体要求如下:

①WORD 格式规范:稿件命名"班级+姓名";标题为小三仿宋,标题下"班级+姓名"为楷体小四;正文为小四宋体;行间距 1.25 倍。

②为本班作文评出一、二、三等奖。(根据文章实际水平,各班篇数可略作调整)

③评判好的文档,备课组长收齐。

备注:请各位语文教师认真把关,优秀作品将汇编成册。

三、成果例举

❈ 时殇,殇时

2018级高一1班　丁佳炀　指导老师:张素婷

一花一世界,一树一菩提。大千世界,天下万物,无不遵循大自然的法则,绽放那一幕又一幕生命繁华的旧式电影胶卷。虚空世界似镜中之花,漫漫时间长河,白骨终会化沙。时殇,殇时,只恨那手指间的尘埃,可望而不可留。

时殇,时之过耶?抑或人之过?亘古以来,求得长生不老,登临仙岛,羽化飞天者,终究缥缈无迹,终不可寻。人,凝天地阴阳二气而聚其形也,不过皆以百年为大限。生死之限,千古众人,都难以逾越。既而,时之过不可逆转,何不更正人之过?江山如画,一时多少英雄豪杰?千古烽烟,可铭刻于所谓正史上者,如过江之鲫耳,籍籍无名者,亦无尽矣。而超凡于万人之上,可制衡一个时代的人,寥寥无几,但他们一直被后辈颂扬、效仿。前者,如过往烟云,埋没在竹简上的镌刻之中;后者,则震古烁今,名垂青史。可见,同样的时间里,任何人在此中创造出来的效果是不同的。是重于泰山,还是轻于鸿毛,权衡利弊,仅在一念之差。时殇,殇时,与其说是时之过,倒不如谓之人之过也。

翻遍整片古史,洪荒八州,奇山胜水,多少迁客骚人都会于此,殇时者,大抵此类人耳。继往开来,为了那所谓的荣华富贵、功名利禄,在这条不归之路上奉献了一生的人已数不胜数。达者,不过云云。折戟沉沙者,仰天长啸,恨生不逢时,挥霍光阴中匆匆而去,成为达者的垫脚石,成为整部话剧中的不起眼的过客。殇时之心,其害至深也,沉浸于过往光阴,感叹青春已逝,怀其心者尽废。廉颇已老,其志尚存千里;马援病矣,尚可保家卫国,以求马革裹尸还。大江东去,浪淘尽,依旧前仆后继,一心向海,正处于青春年华的我们,又何必自怨自艾呢?

"道可道也,非恒道也。名可名也,非恒名也"。时殇,时之过;殇时,人之过。天下万物,皆在诞生与泯灭中共存。天之道,损有余而利不足;人之道,损不足而增有余。规则秩序不可变,何不在此间取舍,成就大道。昙花虽短,仍有那一瞬的惊艳;蝉夏生秋死,仍有那一生的清悦。人生虽短,尚有百年,较其两物,百倍有余,与其止步不前,不如紧握时间,助添盛世繁花。

❋ 以问张思之网

2017级高二9班　李玥宏　指导老师:庄红红

当人们日日见日月东升西落,是人们的"问"开启了对世界"方圆"的探索;当亚里士多德"物体下落的速度和重量成比例"的学说已是被坚持了1900多年的"真理",是伽利略的"问"引领着他做比萨斜塔实验得出结论将其推翻；当苹果下落砸中树下的人，是牛顿的"问"推动他发现万有引力定律……三毛说："学问，是一张渔网，一个结一个结，结出了捕鱼的工具。"在我看来，"问"正是这些"结"，是上一个探索的所得，下一个探索的开始。

问，是对事物的定义，对概念含义的求知；是溯源，是对深层的、促使事物存在的原因的求解；是应对，是对正确认识处理事物多面的方式的求索。

孔子云："敏而好学，不耻下问。"子夏曰："博学而笃志，切问而近思。"问，需要有一颗谦虚的心，不因自身学识而自视甚高，不因怕显自身短处而羞于启齿。"知之为知之，不知为不知，是知也。"古有董仲舒"君子不隐其短，不知则问，不能则学"，今有乔布斯"求知若饥，虚心若愚"。"才疏学浅"的我们更当虚心好问，使自己的瓶中水位渐高，而非一晃荡便发出恼人的声响。

光有一颗谦虚好问的心自是不够的。《中庸》有言，博学之，审问之，慎思之，明辨之，笃行之。学与思，正是问的来路与去处；所谓学问，正是在学中问，在问中学。唯有通过或广泛或深入的学习，方可张开知识的脉络，问的"结"才有它的依附点。无凭无据凭空而生的问又或是从立足点便出错的问，大多只会引起无谓的争端、造成时间的浪费。唯有通过进一步的学习与思考，才能从问的结点做出恰当的延伸，从而使学问的网张得更大更开。

而问作为学与思的重要"结点"，其本身须做到由表及里、由浅入深，对大事从细处着眼，对小事亦不忘从大局看待，从问概念到问规律，从问逻辑到问辩证，在逐层深入的同时做到不同角度的顾及转换。

然而，在学会如何问的同时，亦需明白、做到有些时候的"不问"——不问为何要面临困境，不问还有多少苦难在前方等待，不问自己的付出将有何收获。在没有硝烟的战场上，如刘永坦、钱七虎等科研工作者几十年如一日坚守在民族发展的前线，默默无言；著名科学家竺可桢七十多岁还到野外考察取得第一手资料，直到临终那一天还不忘做科研记录。他们的"不问"，却也正是对自己的理想追求——"国家何以复兴、科研事业如何发展"的问孜孜不倦求索的表现。张衡言，"人生在勤，不索何获"，诚哉斯言！

正值学习之大好年华的我们，当博学笃志，切问近思，虚心提问，敢于质疑，乐于探究，持于求索，以问张思之网，以学思扩网之面、增网之强韧，一路劈波斩浪，扬帆远航！

第四节　家庭书屋课程

一、课程理念:学生家庭书房与大教育观

(一)社会环境与当下教育的困难

我们在怎样的社会环境中实行教育,在何种文化背景下做教育,这是每一个教育工作者所必须深入思考的问题。社会文化背景既是学生存在、生活、学习的环境,又是教育的背景与源头,是教育的出发点。只有更深刻地理解当今社会的独特文化特点,才能获得更大的视野与格局,厘清当下教育的困难与机遇,也才能把因材施教落到实处。没有对社会环境与当下教育困难的思考,也就没有大教育观形成。

我们认为当今社会主要存在以下两个方面的问题。

1.消费至上的精神失落

消费主义的盛行,一方面造成欲望无节制地放大,另一方面造成精神的失落。学生的人生观、世界观尚未真正形成,更容易被影响。

2.知识碎片的思想贫困

标题党的盛行、刷屏的泛滥、大数据算法下的各种"智能"推送、移动终端的阅读,不但改变了阅读的方式,而且窄化了阅读的内容。学生知识结构本来就不够完善,窄化的阅读内容无疑会进一步固化这种结构,从而导致知识固化和碎片化。这一方面导致学生难以形成知识系统,另一方面又使学生难以深入知识的逻辑,完成认知的升级与迭代。最终的结果就是,知识碎片化,导致思想的贫困——贫,不是少,而是单一;困,不是束缚,而是固化。有信息,没有知识;有碎片化的知识,没有系统性思想。加之精神的失落,导致许多学生越来越变成"单向度"的人:变得支离破碎,而没有格局,不够鲜活。

这就是我们教育者所面临的社会环境和教育困境。这既是教育的现实,也是我们教育的起点。当然,有问题没难题,办法总比问题多。社会文

化的变迁也是我们教育者出发的起点。我们不必,也不能囿于传统的教育思维,时代呼唤大教育观的来临!

(二)家庭环境是教育的第一阵地

1.营造家庭书房是时代的要求

(1)家庭是社会的细胞

如果说社会是有机的生命体,那么家庭就是这个生命体的细胞。只有细胞健康、拥有自我更新的能力,整个生命体才能富有生机,充满活力。相反,如果细胞不能吸收养分,无法自我更新,整个生命体便会失去生机,缺少活力。

家庭是社会的基本细胞,是人生的第一所学校。无论时代如何变化,无论经济社会如何发展,对一个社会来说,家庭的生活依托都不可替代,家庭的社会功能都不可替代,家庭的文明作用都不可替代。习近平总书记强调注重家庭、注重家教、注重家风,重申了家庭、家教、家风的重要性,有助于使中华民族源远流长的家庭美德代代相传,为塑造个体人格、形成良好社会风尚提供坚实支撑。

晋江民营经济发达,家庭成员多忙于经营,务实的家风如果能够融入更多的内涵,不但有利于激发家庭的活力,而且有助力晋江二次创业的大潮。

(2)家教家风是中华传统

家教是最基础、最直接、最有效的教育方式,习近平总书记明确指出:家庭是人生的第一个课堂,父母是孩子的第一任老师。在中国传统社会里,"孟母三迁""岳母刺字"故事广为流传,《颜氏家训》《朱子家训》等倍受推崇。

晋江经济繁荣、人文荟萃,也不乏良好的家教家风。晋江灵水吴氏家庙有一块"三朝御史"的匾额,是灵水乡贤、明朝监察御史吴从宪的官匾,他任过明代嘉靖、隆庆、万历三朝的监察御史。这位"三朝御史"及其伯父吴希澄、次子吴可远三代人为官清廉、勤政,家风之正,传颂至今。

筑梦中国,圆梦晋江,广大家庭就应继承好本土的家风传统,重言传、重身教,帮助孩子扣好人生第一粒扣子,迈好人生第一个台阶。

2.以学生阅读卡校内活动推动家庭亲子阅读

学校组织开展阅读卡活动,以"护照"认证,促进经典阅读。编制"阅读卡"发放给学生,指定重点阅读篇目和拓展阅读篇目,对学生的阅读情况进行综合测评。阶段完成阅读任务,分别获得阅读学士、硕士、博士、博士后称号,激发阅读经典的积极性,培养"乐读"的情趣。

一个个的学生是一个个的点,以点带面,能够营造出良好的家庭阅读氛围。学校又进一步组织开展"亲子和谐阅读,健康快乐成长"活动,每一次阅读分享会由两个家庭牵头组织,通过孩子分享读书感言,家长共享读书心得、教师作阅读指导等活动形式,极大地推动了孩子的阅读兴趣和热情,也借助活动增强了亲子的和谐关系。父母参与阅读,在阅读中和孩子进行情感交流,这是孩子成长中最需要的营养成分。

这样,我们就实现了以学生阅读卡校内活动推动家庭亲子阅读,教育的触角得到延伸,教育的雨露恩泽校园之外、家庭之中。当我们放眼看去,想到一间间书房在这座年轻的城市绽放时,每一个人怎会不嗅到一城书香呢?这满满一城的书香,不但芳香四溢,而且随着时间的酝酿,必将愈发馥郁芬芳!这大概是书房故事活动更为悠远的意义吧?我们深信,除了家长与学生之外,一定有许许多多尚未识字的孩童也会沐浴到这一城书香的恩泽!

总之,学生家庭书房教育活动,是大教育观的一种思考探索与实践,取得了一些可喜的成果,产生了一些积极的影响。但我们有理由相信,一些不可见的、潜藏的、隐性的、积极的影响终将会到来,这是作为教育工作者的我们的福分与信仰!

二、课程方案

(一)意义

社会文化背景既是学生存在、生活、学习的环境,又是教育的背景与源头,是教育的出发点。现今,教育者面临消费至上的精神失落与知识碎片的思想贫困的社会环境及教育困难。只有更深刻地理解当今社会的独特文化特点,才能获得更大的视野与格局,去分析当下教育的困难与机遇,也才能把因材施教落到实处。

为提升学子的创新思维与文化素养,将阅读习惯从学校贯彻到家庭,推动家庭书香气氛的营造,进一步塑造良好家风与学风,我校推出"我与书房"活动课程。

（二）活动

1.建：给家庭建一个知识库

一张书桌，一个书架，一盏台灯，一批藏书，学生们和家长一起购买或制作相关用具，设计或改造阅读空间，结合家长和教师的推荐自主选择书籍；不比居室大小，不论藏书多少，只要一间静室，只为一种习惯，只求一份涵养。让更多的家庭因为有了书房，而喜欢上阅读。

2.创：以家庭特色创阅读与生活故事

或取意于经典诗文、或提炼自生活经历、或沿用家族祖训，命名自己的书屋；或为表达志向、或为勉励自我、或为寄寓情感，撰写书屋格言；参与"家庭书屋"的建设，体验"我的书房"诞生的过程，蕴涵着家庭成员的言语交流和思想的碰撞，本身就会产生特别而珍贵的生活故事。

3.享：以书香氛围共享家和家亲

鼓励各个家庭专门设定"家庭阅读时间"，家长自觉与孩子共同阅读，品享经典、分享体会，乐享真知、共享书香，既可以从经典中得到情感的愉悦和享受，又可以引起哲理上的思考和进步。学校将通过主题班会及"书香家庭"家长座谈会来让学生及家长分享他们的读书心得和读书故事。

4.传：以家风影响子女及社会环境

传递薪火、传承家风、传衍德善、传经送宝，以家风影响子女及社会环境。以书房为平台，以阅读为目标，以故事为载体，让良好习惯不断培养，让传统文化得到发扬，让优良家风代代相承，让珍贵经验继续传送。

（三）写作

（1）围绕"我与书房"的主题，以"建、创、享、传"活动体验，写一篇作文，初中不少于 600 字，高中不少于 800 字；鼓励多选、多写，记叙文、散文、议论文皆可，题目可自拟。

（2）各班交语文科代表，科代表收齐后交语文老师。具体要求如下：

①WORD 格式规范：稿件命名"班级＋姓名"；标题为小三仿宋，标题下"班级＋姓名"为楷体小四；正文为小四宋体；行间距 1.25 倍。

②精选文章，附加评语，格式："点评：＋评语＋（×××老师)"（楷体）。

③评判好的文档，备课组长收齐。

备注：请各位语文教师认真把关，优秀作品将汇编成册。

三、成果例举

✸ 我的书房:阅舒斋

2014 级初一 14 班　张凯霖　指导老师:黄日丽

书房命名:阅舒斋

命名解释:阅,即阅读的意思;舒,与"书"同音;斋,即屋舍。整体的意思大致为:阅读书,可以使心情舒旷、陶冶情操。这间书房,蕴含古今中外,藏书量多,是一个很好的学习场所,一个四溢书香的屋舍。这个名称,或许简简单单,只希望,我能在这间书房里汲取更多的知识,读着书,品味着淡淡的书香,心旷神怡,把读书当作一种享受,成为一个有修养的人。

书房故事:

那本书

走到书柜前,注视了一会儿,书柜上的书已经很久没有整理了。

小学六年级的语文数学书、入学考那堆积如山的复习资料,也已积满了灰尘。

我把这些复习资料、课本从书柜上拿下了,搁置在一旁,静静地注视这个已经"荒废已久"的书柜,嘴角露出一丝淡淡的微笑。蓦地,一本《中国通史》映入我的眼帘,我取下来,翻看第一页,上面写有一行小字:"此书为陈昭霖赠。"

"这本书,好像很久没翻了。"我自言自语。那一天,那个毕业典礼,使我陷入深深的回忆。

毕业典礼那天,同学们笑容看似灿烂,也不知这笑容,是强挤出来,还是真的。"再见了。""拜!"简短的话语,也不知蕴含了多少惆怅,我只是默默地站在一旁,环顾校园,叹一口气。一切犹如一场梦,开学第一天,仿佛发生在昨天,一眨眼,六年,悄悄地逝去……

"凯霖!""嗯?"我转过头,只见陈昭霖提着一个袋子疾步走来。问:"凯霖,你要走了吗?""差不多了。"我回答道。短时间的沉默。每个人都不知道接下去要说些什么,我极力抑制内心的情绪,有话想说,却又戛然而止。氛围,使人喘不过气,我挺想打破这死气沉沉的气氛,却不知,要如何表达才好。

"哦,是吗?"一句简短的话语,打破周围的寂静。他从袋子里掏出一本书,"给!"我定睛一瞧,天啊!居然是一本《中国通史》!我惊了、呆了、愣了、傻了,这本书,价格至少也要四十多元,毕业考之前梦寐以求的书,没想到陈昭霖他,临走前会送我这一本书。霎时,一种莫名其妙的感觉涌遍全身,我激动得难以言表,但并没有立即接过书、连声道谢,只是摇摇头,说:"这怎么好意思呢,你自己留着吧,况且,这本书对你以后学历史特别有帮助,还是……"他的嘴角微微上扬,示意要把《中国通史》放到我手上,我并没有配合他,把手伸出去,立在那儿,一动不动,沉默着,不知怎的,有感说不出。

他笑了笑,说:"没事,拿去看吧,我家还有一本。这就当作我们的分别礼了!再见!"他朝我摆摆手,我一声不吭,紧紧攥住这本《中国通史》,默默地注视着他的背影。也许,离别,只是一个无声的结局,仅此而已。一阵风吹过我的耳旁,我驻足在校门前的那条小道上,翻开这本书,空白处写着一行大字:"此书为陈昭霖赠。"我露出一抹灿烂的微笑,低下头,继续翻看着,内心的惆怅和感伤无以言喻,在这淡淡的夏风中,滋生暗长。

回到家,我立即把这本书安放在书房最显眼的书柜那最突出的角落,凝视着这本书,叹了一口气。一本书,一份分别礼,在这个夏天,构成了一场无声的告别。

毕业典礼后,为了应对入学考,这本书,渐渐地被淡忘。一大堆的复习资料,厚厚的语文数学书,逐渐地取代了这本《中国通史》的地位。每天,走进书房,第一眼看到的,虽然是这本《中国通史》,但是,顺手拿的,还是堆积在上面的复习资料。刚开始,我还有去翻看它一会儿,随着入学考日益逼近,它,在我脑海中已经渐渐地被淡忘……

回到现在。

站在书柜前的我,打开这本书的第二页,发现在书的下面还有一行小字。"毕业愉快。"我轻声地念道,把这本书放在怀中,找了把椅子,在这书房中,安静地看着这本书……

✾ 我的书房:心寮

2014级高一10班　林伊明　指导老师:庄清海

书房命名:心寮。

命名解释:"寮"小屋之意。之所以取名为心寮,一者受了《草房子》中

"药寮"的启发,二者,我认为书房有着治愈的效果。在我的书房里,拿起书本,入乎其内,浮躁的心灵在寮中有憩息之所。听起来还有点文绉绉的味道。

箴言:学习是灯,努力是油。要想灯亮,必须加油!

书房故事:

书之帝国

读的书多了,对书房有要求似乎成为一种必然。

在我未有书房之前,我很喜欢去伯父家。伯父伯母皆为人师表,拥有的书不少,他们有着一间"简约而不简单"的书房——进门便是一个偌大的白书架,足有一面墙那么宽,靠窗的地方有一张书桌,一抬头便是风景。每当我在那书房里,总是显得小心翼翼,又有几分憧憬。

后来,我不断要求父母给我一间独立的书房。读初二时,他们虽然没有给我一间"纯粹"的书房,但也给我的卧室增添了不一样的生气,那便是在房间里置了一个大小刚好的书架及配套的书桌。看着崭新的书架笔直地伫在房间一隅,与书桌默契地相对时,顿时觉得原先只是睡觉休息的地方变得很不一样。我迫不及待地把我原有的书放了进去并分类整齐放好。那时候,我拥有的书并不多,但还是有点小小的骄傲。梦想成真,感觉还是很美好的。

渐渐地,我的书多了起来,待在卧室里的时间更长了。我曾花了一个下午的时间,为了给书架增添生气而精心布置了一番。我在书架上留出了一格,放上了生日或节日所收的礼物及旅游纪念品。这是很温馨的一格,充满了回忆。爱,仿佛就在眼前。

再回来说说书房。梁文道曾经把自己的书房比作一座帝国,这个形象的比喻给我很大触动。想想自己,我也有一座专属帝国。这些各种各样的书,如同属民;而我,是它们的王。

拥有这座帝国开始,我便负起了壮大它的责任。所以,我选择倾听,与每一个属民亲近,不断地了解它们的内心世界。通过它们,我懂得了爱与责任、生命与救赎、梦想与现实……性格各异的它们赐给我最宝贵的东西。源源不断有新人加入,这座帝国成长着,我目视着一切,感受着一切。这座帝国由弱到强的同时,我也悄无声息地长大了。

有人可能说:"一座帝国?夸张,怎会有如此分明的等级制度?"那我换个不错的说法吧——"人与书的相遇,说到底是人与人的相遇。"你可能会碰到一本与你十分合拍的书,像是人生知己,对它的一字一句都享受着;你也可能遇见一本捉摸不透的书，像个含蓄的姑娘，眼里却是深渊，需要时间的沉淀去探索。拥有一座书房，我已与许多人邂逅。可能是在明媚的晴天读到的那本《绿山墙的安妮》，或者是在朦胧的雨后为《目送》而难忘；可能是在黯然神伤时的一句问候，又或者是身心孤独时无言的陪伴……透过字里行间，我感受到了另一种人生，给了我不寻常的体验。

你是否拥有一间书房？是否也是一位帝国的王者？是否也曾与不同的人相遇？

人生莫大的快乐与幸福，就在这小小的房间里，被我发现并享受着……

第五节　礼仪培训课程

一、课程理念：礼仪——内化于心，外化于行

中华民族的传统美德——文明礼仪，一直被中华儿女弘扬，也正因此，中国被冠以"礼仪之邦"的美誉。近年来，党和国家十分重视礼仪教育，《国家中长期教育改革和发展规划纲要（2010—2020）》及《公民道德实施纲要》都突出了道德建设的重要性，并把礼仪教育纳入公民道德教育的建设当中，明确指出："开展必要的礼仪、礼节、礼貌活动，对规范人的言行举止有着重要作用，要引导公民增强礼仪、礼节、礼貌意识，不断提高自身的道德修养。"

《中小学文明礼仪教育指导纲要》也明确指出："文明礼仪教育是培养学生良好行为习惯和提高思想道德素质的重要途径，是推进素质教育的重要环节。加强中小学文明礼仪教育，既是弘扬中华民族传统美德的需要，也是培养社会主义合格公民的必然要求，是需要常抓不懈的重要工作。"基于此，学校积极开展了以学生为主，包括全体教师、教辅工勤人员、学生家长全面参与的系列礼仪课程，深入落实党和国家对培育中小学生礼仪素养的要求。

(一)礼仪课程核心理念:礼的本质与外在表现的统一性

礼仪是人们在日常生活交往中,为了维持和谐的人际关系而形成的约定俗成的行为规范和准则。礼仪课程的核心是通过培养学生外在合乎规范的礼仪形式,使学生将礼仪形式内化于心,成为个人的修养与人格。因此,礼仪课程首先要求学生在日常生活中讲礼貌、懂礼节,在各种严肃、隆重的场合,以庄重的仪式感和仪表,融入氛围。更重要的是,礼仪要内化成为个人的品德修养与人格气质,自觉培养起内外和谐的个体气质。

故此,礼仪课程不仅是一般的礼貌教育,更是一种道德修养和健全人格的教育;不仅是个体道德品质和个性形成的基础教育,更是提高全民族道德素质、振兴民族精神和建设社会主义精神文明的基础教育。

(二)礼仪课程与文化人格:礼仪课程是提升文化人格的有效途径

礼仪源于部落祭神活动,行为与方式抽象为对神的敬畏、虔诚与尊严。孔子提出"克己复礼""复周公之礼",礼又抽象为社会秩序、等级、人际关系的态度与行为规范。儒学研究立人、处世,从中提炼概括出五个核心概念"仁、义、礼、智、信",成为儒家人学的精粹。儒家对于人格的最基本要素,可以解读如下:仁,宽待人,怀怜悯;义,明羞耻,守操行;礼,外恭敬,内铸魂;智,辨是非,志求真;信,贵诚实,诺千金。仁、义、礼、智、信五种人格基本要素相互联系,互为根据、原则,最终达到内在统一,礼而无义,礼就失去了原则;礼而无智,礼就成了愚蠢;礼而无信,礼就成了虚伪和欺骗。

礼仪教育是人格教育的切入口,由基本操练指向教育目标,与心理素养相融,更是爱与道德教育的具体要求。学生的个性没有统一的标准,但人格在允许个性的前提下,必须有正确的三观。礼仪教育须注意心理素养梯度,即应注重对待学龄的差别性,如初一学生侧重通过仪容仪表、行为举止的培训,培养其良好的心理素质;而高一学生则侧重通过场景化训练、智慧语言运用,培养、塑造其完善的人格。

礼仪的学习和训练从初级阶段开始,养成良性言行习惯,逐步育成健康心理。礼仪课程的学习和训练,要求学生在食堂中进行用餐文明训练,在宿舍里营造适宜的睡眠环境,在课堂上规范各项表达,在社团活动中学会交际与合作,在公共场所遵循律己助人的原则,在家庭生活中牢记孝、悌、俭、让的美德。与此同时,教师对学生日常礼仪实践进行常态化检查与评估,学生每日对自己进行自检,以此强化礼仪训练成果。

荀子说:"积善成德,而神明自得,圣心备焉。"积善即是在日常实践中用礼仪规范言行,在潜移默化之中,使学生养成良好的道德习惯,从而凝练成自我的人格修养。从这个角度看,礼仪教育的过程是强化外在道德行为、提升内在人格修养的过程,礼仪课程教学是提升文化人格的有效途径。

(三)礼仪课程目标:养心气,修性情,兴人和,毓人格

第一,通过礼仪课程提升个人道德修养,修仁于内,施爱于外。为实现一定的理想人格,我们需要在意识与行为方面进行道德上的自我锻炼、有意识的自我反省,将其转变为内在的个人道德品质,并展现为对他人真诚的关爱。

第二,通过礼仪课程培育良好心理素养,处世稳重不浮躁,待人热心诚恳。心理素养以自然素质为基础,在后天环境、教育、实践活动等因素的影响下逐步发生、发展起来。作为当代的中学生,良好的心理素养主要包括对外在环境的心理适应能力,临大事有静气,遭挫折能冷静;拥有积极健康的心态,以热诚营造和谐的人际关系。

第三,通过礼仪课程规范言行举止,做到严以律己、宽以待人。言行规范是社会群体或个人在参与社会活动中所遵循的规则、准则,是社会认可和人们普遍接受的具有一般约束力的行为标准。通过礼仪课程的学习,学生们能够明确社会言行规范,并按照规范严格约束自身行为举止,与此同时能够理解他人,以宽厚的态度对待他人。

第四,通过礼仪课程塑造健全人格,毓成尊己、尊人的生命个体。健全人格指人格发展平衡、和谐的正常状态,健全人格集中表现为个人尊严,有尊严的生命首先要尊重自己,严格要求自己、反省自己,做到操行端方,这样才能够赢得他人的尊重。礼仪课程培训的最终旨归即是养成学生独立而有尊严的人格。

现代社会中,礼仪修养水平成为衡量一个人和一个社会文明程度的关键指标。对个人来讲,礼仪是一个人思想文化素质、道德素养和交际能力的外在表现。优雅的举止言行、得体的仪态和言语、真挚的情感和规范的礼仪,成为构建人与人之间沟通的桥梁。良好的礼仪有助于形塑、提升个人形象,人们在社会交往中,自觉地遵守礼仪规范,就容易沟通感情,从而使交往更有成效,使学习和生活更加顺利。对社会来讲,礼仪是精神文明建设的重要组成部分,是一个社会文明程度、道德风尚和生活习惯的反映。

在人生的教育过程中,中学教育阶段是学生人生观、价值观形成的关

键时期,也是学校培养社会主义公民的重要阶段。在这样一个阶段对中学生进行礼仪教育,是学校对"学生第一"理念的践行,对养成学生健康的身心、提高思想道德修养、共筑民族文化素质,有着深远的影响。从诗礼之家到诗礼之校,一届届一中学生在"训"与"风"中完善自我,内化于心,外化于行,成为谦谦君子,才能与复兴中的"礼仪之邦"相配、相称。

二、课程方案

党的十八大报告首次提出"把立德树人作为教育的根本任务"。立德树人的根本含义表明,道德是做人的前提和基础,即育人先育德。

多年来,学校立足"学生第一"办学理念,致力于推行道德教育。2016年9月,学校在"哲学立校"的背景下,运用学科哲学的育人观,提出"学生素养梯度目标"来诠释"学生第一"办学理念所追求的核心价值观。近年来,围绕"学生素养梯度目标"建设,学校建立了课程体系,以文化故事为载体,开展体验式德育活动,帮助学生树立正确的人生观、世界观、价值观。

古人不仅将"礼仪"作为道德规范的基础,更把学"礼"上升到加强人们道德修养的高度。礼,是每一个人必须具有的为人、处事的立身之本,立家之本,立业之本。知礼行礼、彬彬有礼,是现代公民必备的素养和追求。文明礼仪是一个国家对社会文明程度、道德风尚和生活习惯的反映。

(一)课程简介

学生礼仪课程是学校四特生培养不可或缺的一个重要环节,它既弘扬了中华传统美德,也促进了学生的身心发展。

学生礼仪课程是以"学生素养梯度目标"为核心开展的,目标指向明确,与学科哲学相融通,体现了道德教育的基本要求。

学生礼仪课程既来源于生活,又渗透于日常学习生活中,能够促进学生身心成长,培养学生的内涵、性格、修养,提高学生的文明素养,促进学生生活品位的提升,让礼仪之风洋溢整个校园。

探索开发礼仪课程体系。以学习礼仪知识、体验礼仪内涵、收获礼仪习惯为基本框架,设置课程内容,引导学生将礼仪内化于心,外化于行,培养学生养心气、兴人和、修性情、毓人格的能力,帮助学生树立心中最美德行,渗透于日常学习生活中。

结合"素养梯度目标"的内涵和外延,融合学科哲学四价值,设置课程目标。结合学生的认知规律设置课程内容。通过课程来提高学生对礼仪的认识,帮助学生建立正确的礼仪观。

课程团队前期对校园现状进行调研,分析存在的问题,依照学校对礼仪课程的要求,组织老师商讨课程设置的相关方案。

在规定时间内,课程团队把课程设置等相关内容提交课程管理委员会。

课程管理委员会领导组对课程设置等相关内容进行审批。

课程团队、上课教师做好课程开设的相关准备。

课程管理委员会根据具体情况,制定一份实施方案,保障整个礼仪课程的具体实施。

探索礼仪课程实施程序。实施过程考虑课程内容、活动方式、后勤保障、时间管理等结构问题。

课程管理委员会设立课程规划组、教学活动组、后勤保障组等三个小组,协调负责整个课程的实施。

结合"素养梯度目标",确定课程的内容。

教师引导学生了解课程的目的、内容及体验方式;学生以班级为单位参与课程学习;指导学生将课程所学内容内化于心、外化于行,养成良好的行为习惯。

学生撰写礼仪故事,利用班会召开主题故事会,分享学生的故事。

(二)课程目标

1.礼仪的意义:礼仪是结合时代创新传承文明的需要

中共中央办公厅、国务院办公厅《关于实施中华优秀传统文化传承发展工程的意见》深入阐发文化精髓,坚守中华文化立场、传承中华文化基因,弘扬中国精神、传播中国价值,贯穿国民教育始终,融入生产生活,加大宣传教育,推动中外文化交流借鉴,坚持创造性转化和创新性发展。

教育部《中小学文明礼仪教育指导纲要》指出,文明礼仪教育是培养学生良好行为习惯和提高思想道德素质的重要途径,是推进素质教育的重要环节。加强中小学文明礼仪教育,既是弘扬中华民族传统美德的需要,也是培养社会主义合格公民的必然要求,是需要常抓不懈的重要工作。

2.礼仪对学生的意义现状

为什么学生上课迟到、打瞌睡、顶撞等"失礼"的情况时有发生?

为什么学生本应朝气蓬勃的年纪却很老成,少了鲜活劲儿?

为什么学生叛逆期沟通总是得不到好的效果,和老师总是拉不近距离?

为什么同学之间容易拉帮结派,相处关系变得错综复杂?

3.礼仪训练目的

(1)养心气

①唤醒学生内在的德行和敬畏心。

②培养孩子正向的是非观。

③培养孩子浩然之气的涵养。

(2)兴人和

①学会用智慧的语言跟周围的人进行更好的连接。

②处理好同学间、师生间、家庭间的关系,建立良好的人际交往关系。

(3)修性情

①通过训练改善学生的仪容仪表和肢体动作,得体呈现一中的形象面貌。

②培养孩子的审美观,建立自信。

(4)毓英才

①学会各种场合的礼仪仪式,呈现个人素养。

②激发创造性思维,开展"尊重和爱"的体验行动。

③让高贵精神得以传承并影响未来的生活与工作。

4.礼仪训练

(1)微笑训练(微笑是内心态度的流露)。

(2)眼神训练(眼神中带着温暖)。

(3)鞠躬训练(3米与1.5米法则)。

(4)站姿训练(小绅士和小淑女打造)。

(5)坐姿训练。

(6)走姿训练。

(7)手势训练。

(8)拥抱训练。

(9)场景化训练:握手礼、介绍礼(向他人介绍)、引领礼、上楼梯礼、电梯礼、待客礼、敲门礼、倒茶水礼、乘车礼、排队礼、课堂礼、集合礼。

(10)礼貌语(问候语)、敬语训练。

(11)一对一沟通。

听:①听到对方内在声音;②听的专注力训练。

问:①课堂如何提问(封闭式和开放式);②一对一沟通训练(老师、同学、家长）。

声：①声音的语气语调；②声音的大小（一度、二度、三度声音的不同场合）。

5.情景模拟

（1）手机礼仪。

（2）竞选语言训练。

（3）课堂礼仪（上课、听课、下课）。

（4）2020 世界中学生运动会礼仪。

6.课程安排

表 3-1　课程安排

第一部分：课前调研		
调研内容	调研形式	调研时间
学生现状及问题	1.问卷调查　2.访谈走访　3.环境观察	1 天

第二部分：现场培训					
课程主题	课程对象	总人数	班级数	课程形式	课程时间
传承晋江一中精神——大爱之礼	学生	5800	100	现场培训（理论、导师示范、角色扮演、情景体验、案例分析、答疑）	2 天 2 夜

第三部分：现场辅导		
辅导对象	辅导形式	辅导时间
学生	创造仪式场景现场问题纠正	1 天

（三）课程评价

1.结果评价

学生自评。评价课程及自评,采用问卷的形式,让学生对整个课程进行评价,突出课程认可方面;自评自身的长处及存在的不足,突出今后的改进方向。

教师评价。评价课程及学生,采用书面的形式进行评价,侧重于课程的建议及不足;通过课程,发现班级的闪光点及存在的个体问题,突出今后班级建设的方向及措施。

家长评价。评价学生,采用问卷的形式,让家长对学生在课程前后的表现进行评价,侧重于发现学生的进步。

2.课程管理委员会

通过调研,总结整个课程开设的优点及不足,及时提出调整方案,完善课程内容设置及开展方式。

按照学科哲学所提出"概念观、方法论、价值观"的要求,采用主题引领、哲思贯穿、项目带动、成果整合等活动方式,注重礼仪课程的开发与开展,成果运用,让整个课程的效果最大化。

三、成果例举

❀ 爱之礼,健康成长

2018级初二年5班　洪宇晗　指导教师:杨梨涓

在时间之河流逝下,我们阅礼、守礼、讲礼。为了让我们更美地健康成长,学校特意组织了一场全校性的礼仪课,人人讲礼,校园才能更美丽。

敬爱的林老师的课程,让我最有感触。我第一次看见优雅、端庄的站姿,第一次想对父母的付出表达感谢,也第一次明白礼的真谛。老师唤醒了我们心中最美的德行,让我们遇见最好的自己。

尊重他人就是对自己最好的尊重。在课堂上,我们端正坐姿,注意力完全被吸引了,仿佛置身于一个礼的世界,每个人都放下心中的压力、负担,敞开心扉,听老师轻轻示范、缓缓讲解。

我印象最深的是,林老师让我们提出改善班级的计划,未来的设想处处柔情四溢、关爱满满。回忆着,一处处的图书角、运动会上送上的一瓶瓶水,同学们的谈笑风生,与老师的经验交流……我梦想着,相信有朝一日,5班会更上一层楼,拥有更美好的未来与明天。

其次,便是那日的用餐礼。烛光柔灯下,彬彬有礼、优雅帅气的同学与老师,微笑与美食并存,男生女生面对面坐,用餐刀与美食切磋……当然,也闹出了不少的笑话,还不熟悉西餐礼仪的我们,吃相十分糟糕:在切牛排时,切不开时就用蛮力,甚至还有同学直接用叉子叉起来就啃。但也有同学做得挺好的,有模有样地模仿着老师的一举一动。虽然发现彬彬有礼并没有"容易"二字,但是,这个过程,我们很开心,也学会了西餐礼仪。

笑盈盈地走出校门,回想着一天的努力结果,收获多多。在十八种礼仪的交响乐中,我懂得了礼,品味了美:在鼓励礼的课中,我学会了相信自己,就是最有力量的鼓励;在合作礼的课中,我学会了只有团结才能共赢;在七七老师的课上,我明白了先联结再表达,若表达,必倾听;在家庭礼中,我懂得了最好的家庭是要活出"爱"。

未来的我会感谢现在努力的自己,感谢老师与同学,感恩父母及对我有帮助的人。愿我能拥有美好的气质与礼仪,拥有更美的未来,也愿我身边的人更有成就。

❋ 塑礼仪之魂,扬梦想之帆

2018 级高二年 1 班　陈佳鉴　指导教师:张江琴

漫漫中华上下五千年历史长河,孕育着一代又一代英魂。自远古时代至今,中华儿女逐渐沉淀出吾民族璀璨的文化瑰宝——中华礼仪。莘莘一中学子万分有幸,在石鼓山上展开了为期两天的晋江首场中学礼仪培训盛宴。

自诩不乏礼仪的我,怀着轻慢的态度来到启动仪式现场。

偌大的会场,同学们热切地讨论着学校此举的意义,褒贬不一。比起在这"蒸桑拿",我们似乎更想把这两天花在家里吹着空调吃西瓜。随着温度的升高,同学们的嘈杂声逐渐将会场淹没,直到一抹粉色慢慢映入我们的眼帘——那是一个身着淡粉西装裙、嘴角挂着淡淡的微笑、眼里藏满风韵与温柔的女子。当她开口说话,仿佛为难以安静的我们拂去心头的浮躁。那一刻,我深知,在真正的礼仪面前,自己像一个跳梁小丑一般滑稽无知。

礼仪培训开始了。我们尽情地接受礼仪文化的洗礼,陶冶优雅与沉静;我们深谙务虚——内在修饰的重要,我们也务实,全面审视并重视外形塑像。在形象礼中,我明白校服的穿着也有独到的讲究;在表达礼后,我为自己词不达意而引起的误会而感到懊悔;在鼓励礼中,我的心中被久违的热烈的温暖所点燃……无法用辞藻概括我莫大的收获,那是我在单一考核机制中不能学到的人文知识。

除此,在礼仪的熏陶中,我还看到梦想在金字塔的顶端熠熠发光。礼仪老师们来自全国各地,他们因梦想离乡,也因梦想相聚。我遇到了梦想将"鼓励"传递到五千个家庭的陈老师,遇到梦想开中国首家礼仪公司的林老师,遇到一个个为了梦想为了家国无私奔波的有志者,他们让我看到一个个不可能因为相信而变为可能。是的,每一个为梦想奋斗的人都值得最大的尊重!

反观当下,一些不文明的影子在社会上涌动,大家对于礼仪的要求逐渐淡化,中华传统文化在一代代传承下渐渐失魂,人与人之间最真实的情感逐渐被消费。曾经我也是其中的一员,不懂得表达更不懂得换位思考,被浮躁蒙蔽了双眼,当代社会也仿佛被戾气笼罩,缺少了人与人之间最真挚的礼仪。我恍然大悟:礼仪正是炎炎夏日的那一缕爽风,吹散暴戾,拂去焦虑,真正带给我们心灵的和平与爱。

思考了这么多后,我更为晋江一中的首创精神点赞,也对自己作为一中人而感到无比的骄傲。塑礼仪之魂,扬梦想之帆,愿礼仪长存吾辈之心,愿梦想的桅杆永不坍塌!

第六节　江海学堂课程

一、课程理念:铭记晋江贤达,传承晋江精神

江海学堂,原址位于现青阳曾井社区,系菲籍侨领张承德先贤抗战回乡时所建。学堂典雅堂皇,气象肃穆:红砖白石、大埕天井、燕尾流脊,蕴闽南古厝之风格;三通巷、五开张、双角脚楼,彰家族恢宏之气宇;木雕、彩绘、石刻,展名匠美学之造诣也。

此古大厝既为闽南古典建筑艺术的杰出代表,体现民间能工巧匠高超建筑技艺与极致工匠精神;又上承几代晋江人尤其是侨民赤子漂泊南洋、拼搏求生存的奋斗精神、"报得三春晖"的家国情怀,下启当代晋江贤达"爱拼敢赢"新时代精神。

历经改革开放浪潮的当代晋江贤达,深深体会几代晋江人身无分文、衣食无依在海外打拼的拼搏精神之可贵,以及晋商爱国爱乡爱家、恩泽后代的乡土情怀之高尚;陈长义、洪忠信、吴靖宇、王冬星兄弟、张玉海等各界贤达与学校多次共同协商,形成共识,意将这座晋江老城区有历史、有故事的古大厝迁建至石鼓山,把留下闽南文化基因转入校内,用于教育下一代,让一中学子继承拼搏精神、涵养家国情怀。

新时代之昌明、石鼓山之福祉、各界晋贤之善念,天时地利人和,因缘际会。各级政府支持,各界贤达襄助,校董校友更是大力推动迁建进程:曾呈呈校友三次赶赴菲律宾与其叔即古大厝业主洽谈搬迁事宜,校董会王冬星董事长三兄弟之慷慨解囊,张玉海校董亲自监督施工之尽心竭力;又有晋江市常委、政法委书记陈长义、青阳街道原主任吴靖宇、副主任黄志胜及校董会王冬星董事长、洪忠信永远名誉董事长等贤达多次莅校了解关心施工情况,洪忠信先生更是承诺:"我帮助三件事:建江海学堂留存共同文化基因;举办高端讲坛,培育晋江未来精英;智力支持一中打造国际化名校。"众志成城,历经近一年之期,江海学堂故居始按原貌迁建至石鼓山。

公元 2019 年 2 月 17 日(农历正月十三)上午,江海学堂落成暨校董会校友总会会址揭牌仪式举行。王冬星、佘德聪、赖世贤、王良星、黄文集、张玉海等六位校董会、校友会代表共同为"晋江一中校董校友会"揭牌,江海学堂完满落成。

江海学堂喜落成,一襄议事联袂,助校董校友策方略;二襄四海敦谊,汇乡贤百家妙锦囊;三襄别裁书院,泽学苑之儒雅。相信在不久的将来,江海学堂不仅会成为校董校友、各界贤达共议母校一中发展之所,亦当成为晋江高端文化讲坛之地,更当成为石鼓学子传承晋江文化、继承拼搏精神、涵养家国情怀之精神家园。

这是一座古厝,也是一所品质学校。

未来,它将是创新后备人才培养的枢纽,是晋江未来人才的成长中心,是质量与创新相互碰撞的平台,是引领教育的新增长点。

二、课程方案

(一)活动背景

在晋江打造国际化创新型品质城市的浪潮中,江海学堂可以借助所在地经济、文化的优势,开设晋江贤达为主、全国名家为辅的高端讲坛,传承晋江经验,培植开拓精神,成为晋江未来人才培养的基地之一。

(二)活动目的

让名家走进校园,通过事迹报告、专题讲座、座谈、沙龙等多种形式,让学生和名家近距离接触,感受名家名人的人文素养和学者风范,为广大师生带来心智上的启迪、情感上的熏陶,既丰富学生的文化生活,营造浓郁的校园文化氛围,也向学生传播艺术精神,培育审美情趣,提升学生文化品位和文化素养。通过名家感悟学生、激励学生、滋养学生,让优秀的文化传统、精湛的民间工艺、自强不息的奋斗精神助推学生成长,提高学生的人文素养。江海学堂旨在通过引进校外名人名家资源,发挥名人名家的教育影响作用,助力学生形成良好价值观,让江海学堂成为晋江新时代教育的名片,使之成为晋江顶级的教育中心。

(三)实施措施

1.宣传发动

组织打印《江海学堂"名人名家进校园"活动致各界人士的公开信》,动员广大师生积极行动起来,发送到相关部门及人员手中,大力宣传江海学堂"名人名家进校园"活动的意义,形成了良好的"名人名家进校园"活动氛围,使江海学堂"名人名家进校园"成为广为人知、深入人心的活动。

2.建立名家档案

充分利用我校自身优势和本市教育资源。在师生及家长中广泛征集,推荐熟知的、能够联系上的名家。利用我校的校友资源,或者是校友推荐的名家,充实到名家档案。将科技、教育、艺术、体育、经济等领域在周边地区有一定知名度的社会知名人士登记造册。将征集来的名人名家事迹材料建档,建立联系,主动与有关名家联系沟通,了解名家所长。

3.学期初制定活动计划

每学期开学初,制订本学年的名家进校园的活动计划及活动内容。

4.活动形式

加强活动组织,做到形式多样,丰富多彩,不走过场,利用我校的江海学堂让名家资源发挥最大的效益。根据内容适合的群体情况安排恰当的活动形式。形式一:名家讲座、演讲。形式二:沙龙座谈。

通过聘请名家为教师讲解先进的教学方法及教学模式和教育思想,提高我校的整体教育水平,更新教育理念。通过各种形式的活动把各行各业德艺双馨的专家、学者、能工巧匠、名人请进校园,借助名家的影响力,对学生现身说法,在学生心目中树立一个榜样、树立一个为之奋斗的目标。通过名家、专家对中国传统文化、精湛的民间技艺、世界领先的现代技术的讲解,扩展学生的认识领域,加深对祖国、对社会的认识与了解,全面提高学生的思想道德水平和人文素养。

5.联系确定进校园的名人名家

在建立名人名家档案的基础上,选择贴近学校教育的名人,多方面进行沟通联系,动员他们走进校园,通过不同形式教育学生、影响学生,并保证经常性联系。名人名家讲座方向:

(1)人文类

①文学与教育(作家进校园);②书法名家;③画家;④历史、哲学;⑤影视人员、主持人;⑥乡土文化(南音、剪纸、变脸等)。

(2)自然科学类

①医学;②生物学;③数学;④体育明星;⑤人工智能;⑥本地高新技术。

(3)创业人生

①校董、企业家;②行业精英。

(四)活动时间计划

每个月聘请一位名家到江海学堂讲学、指导交流。

(五)活动内容

第一部分:名家宣传视频或(或PPT)播放(时长5分钟);主持人开场(时长3分钟)。

第二部分:嘉宾讲座演讲(时长30分钟)。

第三部分:问答环节(时长10分钟)。

1.前期宣传

(1)校园海报

在校道、宣传栏处张贴宣传海报。

①海报宣传:贴于各宿舍楼一楼的宣传栏、博贤楼一楼门口等处,并派专人负责海报的维护和拍照,要求宣传时效为一星期(海报60 cm×90 cm最少20张)。

②横幅宣传:在校园大道侧悬挂宣传横幅。

③广播宣传:通过校园广播电台对活动进行宣传(配合校园传单宣传同时间段于全校范围内广播,每日傍晚广播两次,每次 3 到 5 分钟)。

(2)学校网站、微信公众号、抖音号

校团委、学生会在官方网站、公众号上推送活动信息。

(3)当地媒体

邀请晋江当地的媒体参加活动并进行报道。

2.活动现场布置

(1)鲜花、引导牌、席卡等会场布置。

(2)横幅、宣传海报的布置。

(3)视频、宣传 PPT 的布置。

3.日程安排

(1)活动嘉宾邀请时间:提前两周。

(2)线上宣传开展时间:提前一周。

(3)线下宣传开展时间:提前一周。

(4)江海学堂横幅悬挂时间:提前一天。

(六)实施保障

(1)成立江海学堂领导小组,负责"名家进校园"活动的组织和管理工作。

(2)下设江海学堂办公室,钟祥彬同志任办公室主任,具体负责江海学堂"名家进校园"活动的具体组织实施工作。

(3)成立"名家进校园"活动委员会。由校长、教师、学生组成"名家进校园"活动委员会,检查、督导"名家进校园"活动的执行情况及对活动进行评价。

(七)成果运用

对每次活动进行照相、摄像。

(1)网站、微信公众号、抖音号报道。

①活动结束 2 天内做出文字、图片总结;

②活动结束 2 天内进行论坛上的后期宣传;

③活动结束一周内给嘉宾邮寄讲座现场录像光碟和证书。

(2)嘉宾荣誉墙上榜。

三、活动纪实

❋ 古琴雅韵，文化开课

2019 年 10 月 25 日，晋江一中、华侨中学"石鼓雅韵"古琴文化课在江海学堂开课。

素心琴堂彭蓉玉老师为在场的初一年学子讲解古琴的构造，介绍古琴文化。她用"高山流水"的典故带同学们走进古琴的世界，用龙池、凤沼两个部件引出古琴所蕴含的宇宙观，用美妙的琴声让在场学子体会人与天地的和谐意蕴。

随后，彭老师为同学们讲解了古琴减字谱。新奇的知识让现场气氛热烈起来，同学们纷纷开始讨论如何理解这减字谱，两名同学上台体验，勇敢地将刚学到的古琴知识运用到实际，得到了大家的赞赏。

一弦古琴声在江海学堂里悠扬，精彩的古琴演出开始了！

初一年 8 班的庄琬琳同学为大家带来古琴独奏《仙翁操》。这是著名的古琴曲开指小曲，歌词异常简单可爱："仙翁仙翁，得道仙翁……"曲调颇为诙谐幽默。

"琴棋书画，诗酒花茶"，此乃古人八大雅事；古人常以古琴、古诗来表达心中所感，以诗词通琴意，以琴音叙诗情。接下来的节目，便是初二年 19 班陈叙潼同学及其家长陈倩倩一同进行古琴合奏《诗》，她们用古琴曲来演绎著名诗人李白的七言诗《关山月》。琴音诗情，令在场听众如痴如醉。

陆游的一首《卜算子·咏梅》把梅花的神韵和风骨刻画得淋漓尽致，然而萦绕全诗的是一种抑郁不得志的无奈。毛泽东读了之后，用原题又和了一首《咏梅》，"待到山花烂漫时，她在丛中笑"把诗人当时的喜悦和豪迈之情表露无遗。同样的梅花，二人怀抱不同的心境。李雅珊老师带来的琴曲《咏梅》，悠悠琴歌，在学生们心底荡起了别样的涟漪。

李雅珊老师和萧明辉老师琴箫合奏的《关山月》，古诗与古琴的交融，将诗词的音韵美、音乐的旋律美展现得淋漓尽致，令人仿若看见唐朝的月亮就那样清冷地挂在缥缈的天际。

初一年 6 班王许可同学带来的箫独奏《绿野仙踪》，简单的音符经由指尖织成画面，带我们回望过去，也引领着我们畅想童话世界的奇妙。

在彭蓉玉老师的指间,一曲《醉渔唱晚》,可编织成画,泼墨出千山万水,也可描绘出凡世俗人的百般情思。在彭老师的弹奏中,我们仿佛可以看见那暮色苍茫里,有一醉了的渔夫正在放声高歌,回荡着啸傲烟云之气。

古琴的古朴高远、悠远淡然,在这繁忙的现代生活中给大家带来一丝平静与慰藉。"石鼓雅韵"古琴文化课,丰富了学校的生本课程体系,为同学们抚平浮躁的心,拓展学生艺术视野,淬炼学生艺术鉴赏力,提升学生审美品位。

第四章

学生第一的文化故事

第一节　讲好故事弘扬新风正气

校风建设包括领导的作风、教师的教风、学生的学风。风是由风尚到风气最后形成文化的过程。当优良的风气达到无声不在无处不有,乃至走进校园,空气中也可闻出其特有的韵味时,能在真正意义上形成良好的校风,优良的校风是一种持续的教育力量。而校园文化故事对优良校风的生成,有着独特的效能。

一、文化故事的渊源

(一)文化故事根植于中华文化传统

中华文化有两个传统:一是诗词传统,一是故事传统,我们既要有诗词,又要有故事。故事是一种喜闻乐见的形式,众多的神话故事、寓言故事、历史故事不断传承下来,现行的课程教材,不管是哪个学科,都记载着许许多多的故事。习近平总书记强调:"讲好中国故事,传播好中国声音。"传播和践行社会主义核心价值观的重要载体就是文化故事。

(二)文化故事扎根于本校办学理念

晋江一中有着丰厚的人文底蕴。一代代一中人用自己的教育故事诠释了从办学理念"学生第一"、校训"诚严勤毅"到"第一学生"奋斗目标的内涵。每一所学校的发展就是一部故事发展史。每个人都有一本属于自己的"故事集",并且随着生命发展的进程,不断增加鲜活而有意义的故事。每个人都有自己的生活历程、人生体验和生命感悟。这些文化故事,最终沉积的是一个学校的文化,是师生成长的宝贵的精神财富。因此校园文化故事是校风建设取之不尽用之不竭的资源。

二、文化故事的定义

2009年12月5日,应教育部基础教育司高中处之邀,我前往华东师范大学为全国课程改革样本校第10期校长培训班作专题讲座"让优点单亮起来"。在飞机上的宣传册里面,我读到了一个故事《卖瓜子的母子》:航天英雄翟志刚,出生于一个贫寒家庭,从小利用晚上时间,帮妈妈炒瓜子、卖瓜子,坚持完成大学学业。苏副校长深受感动,灵感迸发,思想顿悟:教育就是讲故事。教育不能空洞地说教,而要晓之以理,动之以情,喻之以故事。文化故事,事件虽短小,但"滴水见太阳";故事虽平凡,但能荡起情感的波澜,产生影响力、冲击波。

(一)什么是故事

人的两种存在:一个是时间过程的存在,一个是为人处世的存在。好的故事就是把为人处世的存在用文字记录,为自己留下鲜活的记忆,又向他人传播生命存在的意义与价值。过程哲学的创始人怀特海认为要面对人生,如果忽视过程中的点点滴滴,就没有什么真实的人生可言。

❋ 故事1:谁是校园里最幸福的人

一天晚上,我和数学竞赛辅导教练姚老师交流,谈到今年数学竞赛取得重大突破,获得省一等奖的背后是辅导团队付出的心血时,姚老师突然说道:"校长,其实你是校园里最幸福的人。"我惊奇地问:"为什么?"她顿了顿说:"我觉得有两点,一是每天漫步在校园里,总能听到许多师生亲切地道声:'校长好!'二是每年一千多张的毕业证书上都盖有校长印章,成为一代代学子的永久记忆。"是啊,每一声"校长好"都让我深受感动,都让我看到石鼓山上的勃勃生机和美好希望,激励我以身作则,引领师生发展;而每一张毕业证书都在鞭策我,扛起作为校长肩上的沉甸甸的责任。

(二)什么是校园文化故事?

怀特海是数学家、哲学家特别重视教育。他认为,整个人生就是一连串自我教育及成长过程,教育就是获得应用知识的艺术。我们在校园文化故事中,找到了切入点,在学生的自我教育与成长过程中,教师以贤能影响学生,写成故事,既是教育文化,又是教育艺术。校园文化故事就是以师生创作、讲述和引用的故事,进行相互交流,以促进形成健康人格和社会主义核心价值观的文化活动。

❋ 故事 2:学生优点卡、教师祝福卡

晋江一中学生拥有"六张卡",其中有一张卡显得特别亮丽,这就是"优点卡"。它是让同学或老师给自己评价的一张优点卡片,核心是学生之间的互评。优点卡简单明了,分为正反两面,正面为校名、年级、班级、姓名、时间;背面有三个栏目,自我肯定、同伴眼光和老师印象。每位学生每学期分发两张,分期中期末两次进行评价。每年春节前,学校都会有 600 名特优生收到一张由我亲笔签字的精美贺年卡。每三年老师都会收到一张祝福卡,上面工整地写着一段校长寄语。这些不仅仅是一种评价手段,而且是一种赞美文化的构建,每张卡片上都凝聚着师生的精彩故事。

三、文化故事的生产

学校是生产故事的地方,需要师生用发现的目光,按人才培养目标去发现故事、智慧思考、勤快撰写、精选传播。故事的生产过程就是聚变与裂变的过程,它使知识生活化、人性化、道德化,从而积淀成为文化故事,再从生产故事去深度解读故事,从而达到修身养性的功能、作用。

(一)故事产生于素材

素材来源于为人做事的一言一行,由细节追踪,追溯时间的过程情景,找根据、因果。就如拔出萝卜一个坑,几片叶子下是一个大萝卜,"捕风"又

"捉影",影中找原型,这个就是第一种故事产生的方式。

❊ 故事3:庄清海老师《讲台上的金鱼》

讲一个关于金鱼的故事。

天开始冷的时候,班里的讲台桌上出现了两条金鱼。那鱼红得像两团燃烧在水里的火,给讲台带来许多生气。巴掌那么大,拇指那么高,浅浅的圆柱体,不知哪里捡来的塑料瓶被当作鱼缸。鱼缸旁有一小袋黑色的鱼食。

下课的时候,有的学生会围到讲台桌旁,看看金鱼,放点鱼食,或者发表以前班上讨论过的关于"鱼快不快乐"的见解。那个叫思凡的女生还兴致勃勃地说起金鱼的来历,原来金鱼是铭利同学在校门口套圈套来的,然后被碧玉同学抢了过去,养在了讲台上,说是要美化班级。

下晚自修要养养神,歇歇心,有时候我会盯着鱼看,心里想,这鱼缸未免太小了,它们会不会感到拘束。于是想换一个鱼缸,但一转念,觉得这事我做不太好,可以等一等。不想过了几天,鱼缸真大了一号,还放了些小鹅卵石,鱼好像也更为活跃灵动。不等我问,思凡就说是洪森同学特意买来的。我内心激动了一下,等待终于有结果了,我替金鱼感到幸福,也为有这样的学生感到欣慰,甚至有点得意。

可惜好景不长。那天高二会考完,听见彬伟老师称赞我们班很细心,还留纸条请监考老师喂金鱼。我心里很高兴,但是晚上一回班级,思凡就凑到讲台旁,指着鱼缸,幽幽地说:"老师,可能喂太多,死了一只了⋯⋯"我一看,只剩一只鱼了,也感到有点悲伤,只好安慰说:"哦,可能没说清楚不能喂太多吧!不是还有一只吗?"她说:"这都怪我⋯⋯""没事,已经这样了,下次注意就是了。去学习吧!"⋯⋯看着孤零零的金鱼,听着窗外北风呼啸,心里的确有些凄凉。但是,又觉得可以再期待。

过了五天,课间操后,一到讲台前,我就不由自主地"哇"了一声:鱼缸里有四条金鱼,而且其中一条是黑的!环视了一下班级,没看到思凡,我便叫:"思凡!思凡!"其他同学立即帮着叫她过来,她兴奋地跑过来,看着我指着鱼缸张大了嘴巴的夸张表情,立即开心地嚷道:"老师,好不好看?是洪森买来的呢!还有一只黑色的呢!""嗯!好看!呵呵,这下热闹了!"我也和她一样地开心,一样地欢笑,一如窗外明媚的阳光。这时候预备铃响了,我看到洪森从后门进来,便不再说什么,准备上课。

我留出三分钟，叫洪森起来回答问题。我问："洪森同学，你为什么要买新鱼缸？是不是嫌它太难看了？"他回答说："不是啊，我觉得它太小了。"我问："太小？小怎么啦？"他说："太小不舒服，大点比较自在一点啊。"我恍然大悟地"哦"了一声。这时候，其他同学都拉长了声音："哦——"声音里满是赞许和钦佩。我继续问："那你为什么又买来金鱼啊？而且是三条？""因为一条太孤单。"他静静地说，一如平常。大家"哇——"了一声，紧跟着就是热烈的掌声，我分明感到有一股强烈的暖流流淌在每个人的心里。他有点不好意思，我等大家静下来，请他坐下，不无感叹地说："有洪森这样的同学，是金鱼的幸福，也是我们的幸福，大家说是不是？""是——"大家异口同声之后，一片欢笑。"好，下课!"我走出教室，外面冷飕飕的，里面却是暖烘烘的。

后来放假了，碧玉同学就把金鱼带回去养了。

这就是我跟大家讲的，发生在我们一中，发生在 2008 级高一年九班，有关金鱼，有关爱心的故事。

点评：洪森同学对金鱼的同理心，饱含着深沉动人的人文情怀，这一故事本身就是丰富的教育资源，故事中老师的几个问题，引导他把内心的温情表达出来，引发同学们强烈的共鸣，齐声"哦"与"哇"中，教室"暖烘烘的"，这何尝不是对学生人文情怀的熏陶呢？

❈ 故事 4：我的快乐，我的烦恼

每年，我们都要求班主任在学生中开展"我的快乐，我的烦恼"调查，为学生心理做"加减乘除"，启发学生积极的心态。我和心育室何成勇老师也加入老师们的行列，帮忙研究破解问题学生的心结。如某同学写到："'快乐'：半夜或清晨的独处。'烦恼'：洁癖，有时让人误会，以为我嫌弃他们。"我为她分析道："内心平静，享受孤独，但欣赏应有对象，自恋癖就不好了。"交谈时，我们通过自身的经历及学长们的故事来激发他们的潜能，几年来均取得了意想不到的效果，不少学生取得了长足的进步。上海师范大学黎加厚教授两次到学校指导文化故事的创作与传播，他说："晋江一中文化故事对当代中国教育做出了重要的贡献。"

(二)故事产生于事故

人在不断犯错中成长,让事故化为故事,比说教更有力量。学校学术委员会主任苏锦明每年约谈学生数以百计,他善于用故事的形式化解学生的事故,又诞生出故事,下面就是其中一例。

❋ 故事5:苏锦明老师《踢桌子》

那是2013年6月13日,中考前一个星期,学生进入紧张的复习阶段。下午,学生林某来到学校,进入教室,准备上课,看到自己的桌子被碰歪了,桌上的几册书本掉在地上,便吼了一声:"谁碰了我的桌子?"周围的同学被喊声吓愣住了。林某见没人回答,就把桌子踢翻在地。由于正要上课,老师忙着上讲台,就把这个学生交给我来处理。

在办公室,我请林某坐下,递给他一支笔、一张白纸,对他说:"你踢翻桌子,有你的理由。那么你的理由是什么? 或者说,这以前发生了什么事情让你发这么大的火? 请把你的理由或事情写下来。"

以下是学生记录的故事:

"今天上午回家,老爸一直怪我成绩没有考好,高中怎么能上一中? 今天骂得特别凶,我简直受不了。往日,我返校,都是他开车送我,今天我不坐车,一掉头就自己雇一辆摩托来学校了。一进教室,看到自己的桌子被碰歪了,书本掉在地上,更是一肚子火,所以我就有了这样鲁莽的行为。"

学生写完交给我。我对他说:"你写的,我相信是事实,是真心话,但我还不想看,我把它装进信封里。你回去吧,告诉班主任老师,说是我让你上课的。过两天,你再来找我。"

两天后,他如期来到了我的办公室,跟他一起来的,还有他的父亲。我不知道他的父亲是怎么跟来的,或许是他知道儿子做错了事,或者是班主任要他来的。反正来者皆是客。我请父子俩坐下,递给学生一支笔、一张白纸,对他说:"上一次你写什么,我至今没有看,我不知道,但我相信你,你能说实话,能正确对待你所做的事。踢翻桌子,可以把它扶起来;'踢翻'思想,更可以扶起来。怎么扶呢? 请你谈谈自己的看法。"

于是,学生又记录了:

"我把桌子踢翻了,这是错误的。当时心里气的是桌子搞歪了,书本掉在地上,其实是对父亲的不满引起的,把不满的情绪迁怒于同学。我恨父亲不关心我,只要分数。其实,想想也是,他太想让我上一中,上好学校。每天上学,不管刮风下雨,都是他开车送我,我还怪他,却不怪自己不争气。"

写完,学生交给了我,我又把它装入了信封,这样,信封里有两个故事。我对学生说:"我可以看了吗?"他点了点头说:"可以。"我仔细看了看,觉得他理清了事件的来龙去脉,平复了自己躁动的情绪,理性地看到了自己的思想起伏。

于是,我对他提出一个要求:"你能不能在你的父亲面前,朗读你写的这两份材料?"他犹豫了片刻。我对他说:"不要勉强,但我相信你有这个勇气,什么时候有这个胆量,可以告诉我。"想不到我一说完,学生就站了起来,打开信封,取出稿纸,低着头大声地朗读了起来。

我暗地里瞟了瞟他父亲,他已经是热泪盈眶了。

点评:对于过失与过错,首先是调查、询问过程与根据,师生交流沟通,让过激心理获得平静。交谈与笔录结合,师生收藏自己的文化故事。

❈ 故事6:林艳老师《来自未来的礼物》

阳光总是在入秋的风雨后重新回到石鼓山上。操场上早已挤满了人还只是校运会的开头便已经热闹非凡。可没想到在这第一天,子霖的话就让我心头一震。"老师,我的手表丢了。"声潮从四边涌向讲台。绿色的手表是他妈妈送给他的十六岁生日礼物。母亲的礼物纵然再轻也重如珍宝。我的脑袋嗡嗡直响,向孩子们问了这件事的来龙去脉。

借着午休与孩子们进行了第一次简短的对话。"孩子们,我们要想办法解决,要相信办法总比困难多。"一博和辉煌手足无措地低着头。铠丞认为要按责任的大小商量如何赔偿。子霖一言不发,我看得懂孩子心中的失望,这是成长的历练。我告诉孩子们,回家想一想。

第二天一大早,他们冒着冷风到操场上再次寻找丢失的手表,一无所获。这几个孩子对待这件事的态度我算是明白了。我把这些小举动转达给了子霖。他眼里泪光闪烁。下午子霖就特意找到了我,告诉我说:"老师,我和父母商量过了,不用赔了。"事情就这样突然地被解决了。

"这件事情就这样算了吗?"眼前几个大男孩,被我这样一问,便都低头沉默。一个孩子思考片刻后,低声说道:"要在未来,自己有经济能力的情况下,一起给子霖送一块新的手表,把遗失的美好还给他。"

我心中涌动着无尽的感动。我把他们的故事讲给了孩子们听。话音刚落，便是掌声雷动。这些轻如细水的话，背后却是一份重如青山的情。这一份友谊的礼物，将会伴随他们也伴随我，一直到诺言实现的那一天。

点评：一位遗失手表的同学，不仅丝毫没有因彼此猜疑失和，而且更加深了友情，班主任的教育艺术潜移默化释放的正能量必将影响学生终身。

四、文化故事的传播

（一）文化故事进校园，传播身边美德故事

我们倡导自己编故事、班级讲故事、校园故事。规定升旗仪式、教职工例会、班级主题班会、学生家长会都要变身为师生"故事会"，活动如五项管理（心态、目标、时间、学习、行动）、六卡活动（优点卡、阅读卡、健身卡、劳动卡、社团卡、创新卡）等均要贯穿"故事"主题，多角度地引导学生懂得哲理思考，做好教育活动的"最后一公里"，即故事收集整理汇编。引领师生用心去寻找生活的亮点，用情去演绎生命的体验，用力去修炼崇高的美德。

（二）文化故事进课堂，讲述学科哲理故事

讲故事是最早的教学形式，像孔子、柏拉图这样的智者都大量地运用讲故事的形式，向人们传达他们超凡的思想。学校开展学科哲学的探索与实践，在课堂中倡导师生讲述学科名人故事、学科哲理故事、学科问题故事，挖掘学科教材资源，结合文本中"大家"的故事，编成校本教材，引导学生从中感悟人生，崇敬天才，成为人才。引导师生从故事中定位核心概念，进行问题思辨、教学建构。课堂援引文化故事，创设教学情境，引导学生主动学习思考，与问题教学接轨，成为思考的对象，用哲学思想驾驭，提高思维的广度和深度，激发学生兴趣、情趣、理趣。

❀ 故事 7：人生三问

在上哲学与生活课中，老师讲了三个故事，讲完故事提出三个问题：如果你的生命只有三天，你最想带走什么？你最想做的是什么？你最想说的是什么？

小 A 不爱学习,上课常做小动作,爱说话,影响他人学习。小 A 父母是生意人,不关心孩子。这三个问题抛出后,没想到最先举手发言的是小 A。他回答:我什么也不想带走。最想做的是带父母去旅游。最想对孩子说:要好好学习。

老师和同学们都大吃一惊。那堂课引起了热烈的讨论,当然老师首先表扬了小 A。

第二天,小 A 的班主任急匆匆追上赶去上课的政治老师,问昨天的政治思想课发生了什么。原来班主任要告诉她一个喜讯,小 A 变了,今天收到他的一则日记,从来不写日记的他,竟写了一篇很好的日记,认识了自己以前的错误,下决心要改。

这一堂课使小 A 获得了觉醒和感悟,而其他学生对他的肯定也促使其获得了成功体验和感受。教材与故事建构是知识的活化处理,使情感、态度和价值目标趋向一致。当然必须根据课程内容与性质,准确选择,使引入的故事教材恰当适宜。

(三)文化故事进课程,开展综合实践探究活动

文化故事进入综合实践探究课程,如创设《五店市寻根》《万达哲学》《我和大楼》等综合课程,引导学生以全科的视野去阅读思考表达,培养自主合作探究精神;引导学生从故事中主动发现问题、提出问题、分析问题、解决问题,培养创新精神和实践能力。在故事中潜移默化,在故事中发现人才。

❋ 故事 8:杨小梅:"我和大楼的故事"·42 步

新的学年开始了,教学楼有了"日知楼"和"慎思楼"的新名字。

月考后,有一天晚自习结束,副班长怏怏地过来年段室,月考似乎给了这个勤奋的小朋友不小的打击。

"老师,路遥知马力,日久见人心对吧?"

我点点头。

"我觉得'日知'也可以这样理解。"她腼腆地笑了笑,"虽然说'日知'可以理解成每天都能知道一些新的知识和道理,可是我觉得学习跟坚持是分不开的,学习是一段很长远的历程,时间越久越能考验一个人。"她沉默了

一会儿说:"我觉得我现在特别需要坚持不懈。"

我默默在心里给她点了个赞,对她说:"学习是需要坚持,也需要智慧。你看,'日知'两个字不就组成了一个'智'吗?李祥老师不也经常对你们说'静能生慧'?只有静下心来才能认真思考,才能有所领悟。从日知楼到慎思楼这段走廊不长,走几步路就到了,但对你来说却是从初中到高中的成长,这段成长之路要靠智慧和恒心才能顺利走完。"

她若有所思地点了点头,很认真地说了声"谢谢"然后回家了。

"老师……老师……"隔天第四节语文课下课后她喊住了我,我回过头看着突然变得阳光明媚的她,不晓得她在高兴什么。"老师。"她突然凑近我,一副神秘兮兮的样子,"你知道从日知楼走到慎思楼到底有几步吗?""30步左右?"她摇摇头,露出得意的表情:"不对不对,老师,我今天特意走了一遍,认真数过了,整整有42步呢!"

我哑然失笑,每个人的步伐有大小之分,因此每个人走的步数都可能有所不同。但是,看着她调皮的笑容,我却不想反驳她。

"老师,"她换上一副严肃的表情,"我知道我的智慧可能还不够,因为我是一个平凡的孩子,从小我就不是特别聪明,反应也没有其他人快,我靠的是更多的努力。这次月考没考好,但是你要相信我,我一定会有进步的!初一时候我很羡慕高中的学长学姐,我以后也一定要成为学弟学妹羡慕的对象!我对自己有信心,这42步我用三年的时间一定走得到,到时候你一定能在慎思楼看到我的。你对我有信心吗?""当然。所以你要很努力才行呀。"我笑着祝福她。

她蹦蹦跳跳地走了,步履轻快,转过身对我挥挥手,背后的阳光明亮得刺眼。

爱默生说:"智慧的可靠标志就是能够在平凡中发现奇迹。"很多孩子都看似平凡,可他们身上往往能发生奇迹。

脚步可以丈量两栋楼之间的距离,也可以丈量你追求的历程,努力的程度,亲爱的孩子们,我祝福你们!

点评:师生之间,在智慧接力,老师以点金手指点拨,学生的智慧之门相继开启、开悟。更妙的是这个小故事深扎在楼的特定环境与名字的意义之中,也不缺对学生形象的描写。

（四）文化故事进网络,构建"互联网＋文化故事"教育模式

学校构建"概念石鼓网",德育处、团委会借助学生会、文学社等骨干力量,在各个班级成立文化故事小组,开展"每日两讲"主题故事会活动;教研室以《石鼓讲坛》为分享平台,推动教师深度阅读、思考与写作文化故事,让教师勤于读书,感悟生活,激发潜能,增强专业修养;办公室通过校园网、微信公众号等网络平台让故事从师生个体走进班级、走向校园、融入家庭,在社会迅速传播,让师生、家长、校友等能够最大限度地共享故事的教育力量。

（五）故事的过去完成时、现在进行时与将来时

故事始终有时间过程的味道,因为教育是一个时间过程,也是一个成长过程,也是为人做事的一个经历过程。谁会讲故事,谁就拥有整个世界。体现一所学校实力的不只是高端的办学设施和考试成绩,而更在于这所学校有没有精彩的故事。

1.故事的过去完成时

（1）文化故事促进科学发展

故事是奇妙的东西,有与众不同的感染力、穿透力。故事传递信心和希望,让聆听者收获经验;故事传达那些只可意会不可言传的信息,让校园充满温情与爱意。学校的管理过程写满故事,校务委员"管理名片"、教师"教学专长","四特学生发现培养"(综合特优生、学科特优生、技能特长生、特定层次生)、"六德师生"的评选(仁爱、智慧、勇气、正义、节制、卓越)都蕴含着科学、文化、人文、审美价值,都典藏着师生动人的文化故事。引导学生去发现、编写和讲述身边的感人故事,发现故事中的教育点、启发点,对学生进行个性化教育,让学生获得深度的道德感受,逐步培养道德的自律自觉性。教师利用自身丰富的文化故事资源,做学生的教育工作,这本身就是一种教育能力、一种专业能力。

✻ 故事9:书法屏风背后的故事

学校接待室内,有一个书法屏风,由5个小幅图组成。创作者是我校高中学生陈曦,曾获得全国第三届中小学生艺术展演中学甲组二等奖。

2014年,高三进入了紧张的高考复习,文静的陈曦却坐立不安。她学

数学感到很吃力,考试成绩总是不及格。一天中午,我到教学楼巡查,从窗外一眼就认出了陈曦。于是我走进教室,面对面地跟她交谈起来。她告诉我,期中考试,数学只考了76分,压力很大。

我告诉她:校长以前刚上高三的时候,数学基础也不大好,也经常不及格的。但是,我没有气馁、没有失望,我勇敢地面对它,做题,练习,慢慢地,我发现了数学的美,体会到数学是思维的体操,逐渐喜欢上了它,并找到了学习的方法,成绩也就逐步提高了。陈曦从我的人生故事中,看到了希望,找到了力量。那一年,陈曦如愿以偿,考进了自己理想的大学。上大学前,她书写了《苦笋赋》书法屏风送我以作纪念。

这只是我校这几年致力于"四特生"培养工作所取得成效的一个缩影。2015年高三年省质检晋江市统一改卷,我校取得优异成绩,特别是高分段学生形成集群优势,以至于某学校提出质疑是否分数统计出现了错误?我一笑置之。高考成绩出来后,一中荣获晋江文理科第一名,晋江文理前十各占6人。其实,成绩背后是学校依据"看起点、比进步、论贡献、讲故事"评价体系,让每一位学生在原有的基础上都有长足的进步,从而实现了学校"三进三出"的教育目标:低进中出、中进高出、高进优出。

(2)文化故事构建和谐社会

文化是学校的核心竞争力之一。校园文化故事融入了优秀的思想道德、文明的生活风尚,蕴含着爱岗敬业、尊老爱幼等丰富内容,有利于师生形成共同的文化观念、价值观念、生活观念等意识形态。我校运用校园文化故事这一载体,编辑《班风的故事》《家风的故事》《晋江人的故事》《书房的故事》《大楼的故事》丛书,推动良好校风、教风、班风、家风的形成,奏响校园内外和谐共进进行曲。

❈ 故事 10:石鼓山的故事

2012年12月,晋江一中举行建校60周年系列纪念活动。学校以"石鼓山故事"为主题,举行庆典大会,出版《石鼓山的故事》丛书。在庆典大会上,校董会王冬星董事长、校友总会赖世贤会长、学生代表讲述了"我和我的一中故事"。我在8分钟的校长致辞中一口气讲了23个小故事,其中包括退休老校长、校友校董、各级领导等不同主体的点滴故事,4000人齐聚的会场,鸦雀无声,用心倾听。这深深打动了广大校友和校董,更激发了他们支持母校发展的热情。会后,安踏集团首席执行官丁世忠先生评价:"石鼓山的故事,真了不起!"

❋ 故事 11:我的书房,我的故事

2014 年秋季学校开展"我的书房,我的故事"活动。"家庭书屋"的理念是:倡导每个学生家中都要建一个书屋,并以此为支撑,分为"建、创、享、传"四个阶段,提出一间书房、一个书架、一张书桌、一盏台灯、一批藏书、一句格言、一次命名、一篇故事、一场主题读书交流会、一次读书分享的"十个一"构想。"家庭书屋"的建设有助于解决读书"最后一公里"的难题,进而把学校、学生、家庭三位一体的读书形态和教育形态融为一体,让传统文化得到发扬,让优良家风代代传承。

2016 年 12 月 23 日,应海峡出版发行集团的邀请,学校参加"海峡出版发行集团实体书店建设推进会",介绍"晋江一中家庭书房"的探索与实践。2017 年 3 月 3 日,全国政协委员吴志明在全国两会期间提案:福建晋江一中积极探索全民阅读新思路,把"学生家庭书房"建设作为学校、家庭教育相结合的载体,与提升公民素养、构建书香家庭、和谐社会相结合,取得了初步成效。为此,建议在全国中小学推广晋江一中"家庭书屋"经验。

2.故事的现在进行时

(1)素养梯度目标故事

故事是哲学的故乡,好故事都蕴含着概念观、方法论、价值论。它的撰写讲述过程就是一个思想心灵体验过程,任何一个文化故事的撰写都必然与师生的个人生活经历联系起来,使师生从学科哲学走向学科核心素养。素养梯度是心理发育、成长的一个导向,心理成熟期有早有晚,设计梯度目标目的是让学生能有健全的心理结构。心理现象十分复杂,目标概念又十分抽象,所以,学校在每一个素养梯度目标中安排了文化故事活动,以目标为导向,以故事为载体,通过故事中的态度、行为表现,探索心理健康教育根据,发现心理规律,给予恰当的引导,最后让学生写成故事,记录成长。

(2)年级素养梯度目标故事

初一:热情、态度,《书房的故事》《家风的故事》;

初二:目标、守则,《班风的故事》《学风的故事》;

初三:涵养、眼量,《大楼的故事》《素养的故事》;

高一:人格、修养,《榜样的故事》《晋江人的故事》;
高二:抱负、价值观,《价值观故事》《学科故事》;
高三:信仰、情操,《信仰故事》《石鼓山的故事》。

❀ 故事 12:2016 届毕业典礼 《这条上学路"非常 10＋1"》

2016 年 6 月 7 日上午,我站在广场上,看着学子们信心十足地走向高考考场,突然在匆匆人群中看到一个缓慢前行的身影,原来是吴乔泽又背起黄天祥走向考场。此时,我内心激动不已,热泪盈眶,特别嘱咐年段长,在毕业典礼上,我要亲手送给这 11 位同学每人一本书。

6 月 24 日,学校举行高三年毕业典礼。典礼上,有一个特别的节目,一个男生背着另一个男生,后面跟着 9 个男生,一起走上舞台。台下 700 多位师生见状,报以雷鸣般的掌声,把典礼推向了高潮。这正是天祥和帮扶小组的故事。黄天祥因从小小腿肌肉萎缩,行走不便,他的求学之路比同龄人要曲折得多。三年前,黄天祥考进一中,吴乔泽等 10 名同学自发组成一个帮扶小组,每天背着天祥上下教学楼。这一背,就是三年。1000 多个日日夜夜,"帮扶小组"分工协作着,守在不同的楼层,没有特定的安排,有的是相同热心和积极。就这样,天祥和"帮扶小组"一级一级往上走,一层一层地往上登。放学了,上楼变成了下楼,但依旧是不变的人群、不变的动作。

高考期间,护送任务,原本已经安排就近考场的同学承担,但吴乔泽担心其他同学不习惯,独自揽下了重担。"考生进考场!"一听到这广播,吴乔泽便背起他一路小跑,送达 2 楼的考室,再急匆匆地返回自己在 5 楼的考室。

这一年,黄天祥取得了高考理科 496 分的成绩,超过本一线31分。

《晋江经济报》2016 年 8 月 2 日以《这条上学路"非常 10＋1"》为题发表一组文章报道这动人的事迹。在结尾我说:"没有家长的请求,没有老师的安排,一切源于对同学的爱。这是学校坚持道德教育,开出的一朵真善美的花,散发着仁爱的芬芳。"

3.故事的将来时

(1)故事精神家园

学校每年为毕业生举办《石鼓钟话别》毕业典礼,倡导师生"送礼送故事",创建"文化故事展馆",师生写故事、讲故事,亲身参与体验,并在学校留下自己最精彩的故事。在全校形成人人写故事、人人讲故事、人人传播故事的氛围,让石鼓山成为"故事王国"。

(2)故事文创室

学校设立专门的故事文创工作室,定期组织收集整理师生撰写的文化故事。日积月累,精选分类,并安排不同的场合讲述,汇编《石鼓山故事300篇》,做精、做深、做细、做活,让经典故事代代相传,形成石鼓山文化。

文化故事就发生在校园里、课堂上,发生在你我的身边。文化故事,因为亲切,给人以感动;因为感动,给人以激励。文化故事,因为真实,给人以思考;因为思考,给人以引导。

文化故事走进内心世界:在讲述中聆听,在聆听中讲述,走进师生的心灵深处,用一个灵魂去唤醒另一个灵魂;

文化故事改变思维视角:在故事的情景中,去感悟,去体验,得出自己的理性结论,从而开启新的人生脚步;

文化故事激发生命活力:在故事的发现、撰写、讲述、传播中,产生新的理解、新的决定、新的动力,于是,生命的故事就有可能被"改写"。

如果说校风建设是一条长河,文化故事是流淌的河水,没有河水,校风建设就成了干涸的河床。但愿我们的校风建设工作能插上文化故事的翅膀,飞进那万象更新的新天地。

第二节　从文化故事到故事文化

一、问题的提出

《国家中长期教育改革和发展规划纲要(2010—2020)》指出:"创新德育形式,丰富德育内容,不断提高德育工作的吸引力和感染力,增强德育工作的针对性和实效性。"那么,改进德育工作、创建德育模式、构建学校文化的突破点在哪里?

习近平总书记为我们指明了方向。他在党的十九大报告中指出:"推进国际传播能力建设,讲好中国故事,展现真实、立体、全面的中国,提高国家文化软实力。"校园文化故事是对校园生活及教学相长感人事迹的真实记录,是最真实、最具原生态、最具文化特色的教育资源。叙事的当下性与语言的概括具象性,使得真实记录具有故事的吸引力,并以此启悟、感染师生。经过几年的实践与研究,晋江一中以文化故事为载体深入落实立德树人根本任务,从讲述文化故事到建设故事文化,形成校园故事文化。

二、解决问题的过程与方法

学校文化故事实践探索过程,是一个由模糊到清晰、由零散到系统的过程。我们发现,校园文化故事的讲述,需要主题统筹引导,才能形成序列,构成系统,才能成为经验,高效进行校际推广,最终产生辐射效应。

(一)故事的过去完成时

1.实践探索过程

第一阶段:故事讲述推广群体化(2009年底—2012年12月)。

首先,故事讲述从教职员工开始,形成赞赏文化。

为了弥补教学绩效考核的不足,使评价指向教师的所有工作,覆盖所有教职员工,2009年我们开启"讲述文化故事"活动,引导和鼓励全体教职员工从晋江本土、校园生活、从身边同事、从自己身上发现故事、创作故事,利用各种会议、活动、仪式,轮流讲述故事、分享故事。讲述文化故事,某种程度上也是一种公开述职,既坦承工作得失、汇报工作成效,也是一个自我反省、自我刷新、自我教育的过程。同时,讲述文化故事作为一种活动机制,还营造了情感交流、智慧分享、对话倾听的文化,营造了唤醒自我、唤醒美好和赞美他人、赞美优秀的文化。

其次,故事讲述推广到学生群体,形成讲述文化。

老师讲述校园文化故事取得一定经验之后,我们将这一活动推广到学生群体。我们鼓励学生创作和讲述自己、同学、老师、父母的、邻居的、社区的、班级的、社团的及其他感兴趣的故事。这也为教师尤其是班主任开辟了一片立德树人的新天地、一个专业成长的新路径,他们从这些故事中发现学生成长亮点、发现师生双方的问题、发现改进教与学的契机,通过对故事的评价巧妙地进行道德引导、心理辅导和作文指导。在晋江一中,让文化故事进课程、进课堂、进德育,成为广大教师的新选择、新实践。

最后,故事讲述推广到家长校友群体,形成校亲文化。

有人就有故事,新的学校文化催生新的文化故事。我们从这项活动中感受到了很重要的课程价值,所以逐步推向家长、校友、校董,定期邀请他们走进学校,讲述他们的求学故事、创业故事、职业故事乃至爱情故事。这些故事在不同时空、从不同角度反映了学校的历史,传达了积极的价值观和人生经验,让广大师生在扩大文化视野的同时,不断获得精神启迪和成长动力,最终融汇到"校亲文化"之中,滋养学校的人文传统。

故事群体全覆盖,利于提升师生与校友、董事对学校办学理念及校园文化的认同感。

第二阶段:故事讲述主题课程化(2013 年 1 月—2018 年)。

学校整合 2013 年"六德之星"文化故事、2014 年"我的书房,我的故事"、2015 年"我和大楼"文化故事、2016 年"我的价值观故事"、2017 年"石鼓景园"文化故事等主题活动经验,于 2018 年结合学校德育"素养梯度目标",形成素养梯度目标文化故事课程体系:

初一:热情、态度,《书房的故事》《家风的故事》;
初二:目标、守则,《班风的故事》《学风的故事》;
初三:涵养、眼量,《大楼的故事》《素养的故事》;
高一:人格、修养,《榜样的故事》《晋江人的故事》;
高二:抱负、价值观,《价值观故事》《学科故事》;
高三:信仰、情操,《信仰故事》《石鼓山的故事》。

素养梯度立足于学生的成长规律和阶段特点,是心理发育、成长的一个导向,人的心理成熟期有早有晚,设计梯度目标的目的是让学生能有健全的心理结构。心理现象十分复杂,目标概念又十分抽象,所以,每一个梯度目标都设计相应的课程群,安排主题式体验思考活动。通过活动中的态度、行为表现,探索心理根据,发现心理规律,给予恰当的引导;并让学生收集、整理活动印记,写成案例还原体验、反思得失,形成学生个人成长文档,促使学生阶段性召回自我,发现天赋,淬炼成长力。素养梯度目标文化故事课程体系,让师生有一个能看得见、摸得着的、可操作的平台。如此一来,讲述文化故事就形成传统,故事文化自然而然就形成了。

2.实践探索成果

(1)文化故事讲述制度化。

开展"每日两讲",逐步成为一种日常化、课程化的校园生活,以文化故事课程化建设校园故事文化。

(2)文化故事留存文本化。

汇编《班风的故事》《家风的故事》《晋江人的故事》《书房的故事》《大楼的故事》系列丛书,推动良好校风、教风、班风、家风的形成,文化故事逐渐成为办学特色,承载并创生石鼓文化。

(3)文化故事经验成果化

2013年10月,承担的教育部子课题"以文化故事为载体开展生命教育的实践与研究"结题,被评为优秀等级;学校有10多篇关于文化故事的论文和报道见诸《中国德育》《中国日报》《福建日报》等主流报刊;文化故事展馆成为泉州市社会科学普及基地和晋江市教育一景。

(二)故事的现在进行时

要真正从讲述文化故事到建设故事文化,就需要有制度建设、方法模式和实践传统。因此,在"文化故事"办学特色实践过程中,学校推进文化故事进校园、进课堂、进课程、进网络、进评价。

1.文化故事进校园,传播身边美德故事

倡导"自我编故事、班级讲故事、校园传故事"。规定升旗仪式、教职工例会、班级主题班会、学生家长会变身为师生"故事会"。活动如五项管理(心态、目标、时间、学习、行动)、六卡活动(优点卡、阅读卡、健身卡、劳动卡、社团卡、创新卡)等均贯穿"故事"主题,多角度地引导学生懂得哲理思考。做好教育活动的"最后一公里",即故事收集整理汇编。引领师生用心去寻找生活的亮点,用情去演绎生命的体验,用力去修炼崇高的美德。

2.文化故事进课堂,讲述学科哲理故事

倡导师生在课堂中讲述学科名人故事、学科哲理故事、学科问题故事,挖掘学科教材资源,结合文本中"大家"的故事,编成课本剧。通过课本剧赛演,引导学生从中感悟人生,崇敬天才,成为人才。引导师生在故事中定位核心概念,进行问题思辨、教学建构。课堂援引文化故事,创设教学情境,引导学生主动学习思考与问题教学接轨,成为思考的对象,用哲学思想驾驭,提高思维的广度和深度,激发学生兴趣、情趣、理趣。

3.文化故事进课程,开展综合实践探究活动

文化故事进入综合实践活动和探究课程,如创设"五店市寻根""万达哲学""我和大楼"等课程,在故事中潜移默化,在故事中发现人才。引导学生以全科的视野去阅读思考表达,培养自主合作探究精神;引导学生从故事中主动发现问题、提出问题、分析问题、解决问题,培养创新精神和实践能力。学校还根据学校工作核心、社会时事,深度挖掘校本、时代教育资源。2020年疫情居家守学期间,"当疫情尚未败退……"居家自学思考写作活动、"疫情期间,创造美好的家庭生活——我为主"主题综合实践活动、"清明云上祭"综合实践活动、"我与工具"主题劳动教育实践活动,先后汇编《天佑中华》《创造美好家庭生活》《白云祭》《我与工具》等丛书,引导学生关注时事、培育家国情怀、热爱家庭生活、体验劳动之美;2021年,响应党中央"学党史"号召,开展"叩响历史的回声"家史校本课程活动,汇编《学党史·访家史》,从祖、父辈生活中思考党的历史的投影及影响;在毕业生中开展"石鼓山留别"征文活动,汇编《石鼓山留别》,留存学生成长印记。

4.文化故事进网络,构建"互联网＋文化故事"教育模式

各班成立文化故事小组,开展"每日两讲"主题故事会活动;以"石鼓讲坛"为分享平台,推动教师深度阅读、思考与写作文化故事,让教师勤于读书,感悟生活,激发潜能,增强专业修养;通过校园网、微信公众号等网络平台让故事从师生个体走进班级、走向校园、融入家庭,在社会迅速传播,让师生、家长、校友等能够最大限度地共享故事的教育力量。

5.文化故事进评价,丰富、创新教育评价方式

学生方面,撰写、讲述文化故事,既成为其成长文档主要的组成部分之一,也成为学生综合素质评价的重要一环乃至创新生成新的评价维度。教职工部分,则将文化故事创作作为教师文集的主要类别,鼓励教职工在教师大会分享成果故事,评选年度淬能优秀教师,结集出版教师文集;校务委员和教辅工勤人员的年度考核,均以讲述文化故事的方式进行,增强考核的真实性。

（三）故事的将来时

丰富文化故事展馆。我们希望每一届的学生在离开母校之前都至少有一个故事珍藏其中,每一个人的故事都有可能承载所有人的共同记忆,成为学校历史的重要篇章。

创建故事文创室。学校将设立专门的故事文创工作室,定期组织收集、整理师生撰写的文化故事。日积月累,精选分类,并安排不同的场合讲述,汇编《石鼓山故事300篇》,做精、做深、做细、做活,让经典故事代代相传,形成石鼓山文化。

一所学校的发展就是一部故事发展史,每个人都有自己的生活历程、人生体验和生命感悟,每一个师生都有一本属于自己的"故事集"。随着生命发展的进程,不断增加鲜活而有意义的故事。这些文化故事,最终沉积的是学校的文化,是师生成长的宝贵的精神财富。

第三节　以文化故事促校风建设

一般地说,校风包括教风、学风和领导作风。良好校风是学校的灵魂,是师生精神的凝聚力,是师生行为的规范力,也是师生成长的内驱力。校风发展如何,决定了办学水平的高低。每所学校历史不同、发展不一,各有自己极具特色的校风,也都面临办学提升的问题。探寻德育新载体,解决校风中存在的问题,是促进学校发展、提升办学质量的一个重要抓手。自2009年以来,晋江一中在开展文化故事活动、促进校风建设等方面作了长期的探索实践,取得了较好的成效,形成了颇具特色的校园故事文化。

校风存在问题是现实,不容回避;而解决问题,方法可能多样,路径可能多种,但要从实际出发,选择切合校情的有效办法。

一、学风建设

立德树人,是校风建设的核心,这是一个普遍的共识。但是如何进行"立德",即道德教育,是一个严峻的话题。对学生进行道德教育,要重视活动的体验和认识。校园文化故事,事件虽平凡、细小,但能引领学生体验生活、感悟成长。

❀ 文化故事1:生命之光

这天,听说林老师生病了,好像还病得挺严重的。我不但担心老师能不能来为我们上课,而且更担心老师的病情。同学们议论纷纷,大家都觉得不会来给我们上课了。

上课了,那个熟悉的身影还是没有出现。同学们又叽叽喳喳地开起了"议论会",过了好一会儿,林老师迈着缓慢而又坚定的步伐,走进了教室。上课时,老师的声音显得比平时小了许多,可能是身体虚弱,只见林老师满脸通红,像个熟透的红苹果。老师不断地作自我调整,有时摇摇头,振作精神,有时紧紧闭上眼睛,好像非常难受的样子。看到老师这个样子,我心里特别感动,也特别不是滋味!心里期望着这节课快快结束,让林老师能够好好休息一下。铃声响了,几位女同学向林老师冲了过去,扶着她走向年段休息室,想让她好好休息一下。这是一节难忘的课,我们看到了老师的生命之光,这是一种爱、一种责任、一种奉献。这生命之光照亮了我们不断前行的人生之路。(学生何树东在家长大会上的发言)

故事点评:

1.载体搭建

道德教育有个毛病,就是教师爱讲抽象的大道理,令学生难以接受。文化故事可以寄托情感,聚焦思维,启迪学生思考,拨动他们心灵的琴弦。故事就像水,能够找到直抵灵魂深处的道路,能够透过裂缝渗入看似坚不可摧的墙壁,能使万物重新焕发青春的光彩。赤裸裸的说教,容易引起受教育者的阻抗。而故事以一种柔软的方式,规避阻抗,直抵心灵深处,提升道德的养成。

2.体验表达

每一个学生生命体验都是独特的,各有其精微和美妙,不可重复。德育活动的一个误区是,把活动等同于体验,没有完成体验最后"一公里"——这"一公里"就是表达。狄尔泰说:"体验不是作为一个对象站在认识者的对面,对我来说,体验的此在与体验中所包含的内容是无差别的。""只有在思维中,体验才变成对象性的。"体验需要理解和表达,对立化故事意义诠释,就是一种体验表达。

二、教风建设

教育是培养人的活动,教师担当教书育人的重担,是校风建设的中流砥柱。俗话说,水涨船高,教师有怎样的品质,就影响校风变成怎样的品质;教师有怎样的境界,就塑造校风达到怎样的境界。教师要树起一座道德的"丰碑",成为校风发展的力量之源。而故事就是建造这座道德"丰碑"的脚手架。

✳ 文化故事 2:责任在我

新学年开学第一天,一切正常。当夜幕降临之际,晚自修前,我暗自松了一口气,心头荡漾着一缕轻松。可是眼睛扫视一下教室,顿时心里凉了半截:桌椅排列不齐,地板上散落着大大小小的纸片。正当我想说什么时,一位臂戴红袖章的学生气势凛然地迈进教室,眼睛一扫,眉头一皱,打开记录本,狠狠地扣 6 分。我直愣愣地呆立于讲台桌前,心中惆怅不已。

"班级劳动委员怎么这么粗心大意呢?"我脑海中第一个跳出的念头就是找他问责。找到了劳动委员,我冰冷地问:"傍晚的卫生为什么没有做好?"劳动委员竟一脸茫然,胆怯地回答:"您只说早上要做卫生,没有说傍晚也要做啊。"听后,我一时语塞,悻悻地说:"原来这样啊……"值日评比第一天,班级丢失的 6 分,是谁的错误? 由谁来负责? 我陷入沉思。第二天早读结束后,我将第一天的学习与值周情况向全班做简短的反馈。我严肃地说:"昨天值日,班级被扣了 6 分,主要原因是同学不知道傍晚要打扫卫生,所以这次丢分的错误在我,责任在我。作为班主任,我没有了解并执行相关制度,我向大家表示道歉。"这时,班级一片出奇地安静。

《道德经》说:"夫唯病病,是以不病。圣人不病,以其病病,是以不病。"我不是圣人,但在学生面前,我坦承自己的失误,表明责任在我。我用自己的言行,让同学明白一个道理:一个勇于承认错误、敢于承担责任的人,才能做好分内事,走好人生路。(张秀琴老师在学校"石鼓讲坛"上的发言)

故事点评:

1.自我反思

自我反思被认为是教师专业发展的核心因素。反思的过程是教师发现、分析、研究、解决问题的过程,也是教师的专业学习与发展的过程。教师讲述文化故事,进行自我反思,可以改进教育实践,还可以改变自己的生活方式,体会到自身存在的价值。正如石中英教授所指出的:"要获得解放,臻达自由的教育境界,就必须以教育者的'自我反思'为前提。"

2.资源利用

教师手中掌握着丰富的德育资源,特别是自己的社会历程和成长经验,更是一座取之不尽、用之不竭的资源宝库。在跟学生的对话中,教师讲述自己的文化故事,能引起学生的兴趣和思考,使之从中受到启发,并化用于行为。教师利用自身丰富的文化故事资源,做学生的德育工作,这本身就是一种德育能力、一种专业能力。教师讲述文化故事,在提高学生的道德水平的同时,也提升了自己的道德能力。

学生的进步,人才的培养,是一个巨大的育人工程。师德建设是基础,专业发展是关键。这种发展意味着教师要勤于读书,感悟生活,激活潜能,增强教育能力,实现自己的生命价值。而讲述文化故事是一种教师必备的教育能力,有了这种能力,就能更好地把德育工作落到实处,进而有力促进校风建设。

三、领导作风建设

教育是一种沟通、一种交流,领导作风建设重在协调人与社会的关系、人与人的关联。这不仅要求学校领导干部提升自己的工作能力,还要重视改进自身的工作作风。开展校园文化故事活动,让学校管理者通过教育故事的回归,从中总结管理经验,升华管理能力和方法。

�֍ 文化故事 3：路灯

开学初学生家长反映南山路路灯少、光线不足,更严重的是,每到晚上12点过后,有好几盏灯都是一闪一闪的,像是故意"眨眼",向行人开玩笑似的。值班人员说,在这种情况下开车,视线特别不好,很危险。

为了解决这个问题,我曾向多个部门反映,寻求解决。先找到路政园林部门,反映说让找路灯公司;路灯公司说,他们会派人了解情况。可是几天过去了,路灯还是一闪一闪的,不停地"眨眼"。我又三番五次打电话给路灯公司的负责人,终于,他们出现在现场,摸清了情况,提出了解决问题的方案:增加路灯布线点,同时安排工作人员当天晚上12点以后检查线路,检查结果是线路电压不够,需增加一个或两个电表。就这样,学校又添上了新电表。

管理是一种沟通能力,也是一种协调能力。有了沟通,才能使他人了

解存在什么问题;有了协调,才能找到解决问题的办法。(陈锦文老师在校务委员反思会上的发言)

故事点评:

"嘤其鸣矣,求其友声。"早在三千年前的《诗经》中,古人就发出了渴望交流的强烈呼声。因为再先进发达的现代技术也替代不了面对面的语言传递和感情交流。领导与师生、学校与社会,如果缺少真诚的沟通,就谈不上彼此的合作,就难以建构良好的校风。讲述管理的文化故事,可以从中汲取有益的经验,提升管理的沟通能力。

作为领导者,需要较强的工作能力,更需要良好的工作作风。这个工作作风就是教育事业的追求、对领导岗位的敬畏、对业务工作的专注。领导讲述管理的文化故事,是对管理过程的回顾,对工作得失的梳理,从而形成良好的工作态度和工作方式,共同构建优良的领导作风。

校风作为学校的一种隐性的德育资源,具有很强的感染力和渗透力,能强化和内化师生的思想、道德和心理。良好的校风一旦形成,就会对学校教育教学和管理传递正能量,培育师生的社会主义核心价值观。为此,学校必须形成一种积极向上的民主氛围,讲述文化故事,充分利用教育资源,以良好的校风"立德育人",以促进学校全面、持续、正向地发展。

文化故事的讲述,促进了师生的认同理解,使师生内化于心,外化于行,促进行为习惯的养成。在文化故事的讲述中,每一位师生都不断地调整自己的心理,使之趋同于集体心理,集体心理因之得以不断加强,并使每个师生内化为自己言行的准则,演变为自觉。于是优良的校风化为一种行为的自觉、文化的自觉。

第四节　有教育梦想就有好故事

2010 年 6 月 25 日,在华东师范大学晋江市中学校长高级研修班上,我颇为陶醉地在讲台上慷慨陈词:"如今的我,来到黄浦江畔,站在世博会门口,更加坚定地追求我的教育梦想……"我的梦想是:让每位教师成名,让每位学生成功,让每处校园成景,让每片社区成风。

两个月过去了——8月28日,23位校务委员于校园"石鼓讲坛"上,讲述自己的"教育梦想"。

三个月过去了——9月,各年段、班级召开"我的梦想"主题班会,师生同台畅谈人生,抒发梦想。

每一位师生员工的梦想,造就了晋江一中在新的教育历史时期的辉煌。在晋江,乃至在泉州,许多人都在流传着这所学校的办学奇迹,更让大家津津乐道的是,这不仅是一所办学质量优异的省示范性普通高中、省一级达标高中、省普通高中课改基地,更是一所有自己特色、有自己故事的学校,那就是在校园上空高高飘扬"学生第一"办学理念旗帜;在这旗帜上,标记着晋江一中的教育目标:

会做人,思想高素质;

会学习,学习高质量;

会生活,生活高品位。

一、会做人:思想高素质

❀ 今天我值日

2008年3月的一天,山西省运城市永济中学校长高跃利,漫步在晋江一中美丽的校园,突然被眼前的一幕幕景象感动:学生去运动场出操,上体育馆开会,到实验室做实验,往电脑房上机,都是排着长队,依次行走,井然有序。他当场掏出手机打给永济中学的副校长和政教处主任,让他们连夜搭飞机到晋江一中"配"一把"金钥匙"。那把让高校长心动不已的"金钥匙",其实就是晋江一中所着力培养的学生自我管理能力。

2007年秋季,晋江一中制定实施了《关于值勤周制度的施行细则》:每周由一个班级的学生全面负责检查、评比和反馈全校的常规活动,如学生出勤、课间体操、眼保健操、环境卫生、仪容仪表、内务整理等。这项政策的制订时,充分考虑到了中学生对未知的管理世界的好奇,以及对于自我管理能力培养的规划,因此在活动推行之初,就受到了学生的热烈欢迎。

在一中校园里,你会不时遇见臂戴着"今天我值日"袖章的值勤学生。在校园一个角落,记者采访了2009级高二年1班的一位学生,她向我谈起了一件往事。有一次,她在检查仪容仪表时,看见几名女生都是束裤,就让她们稍等一下,准备登记名字,但是她们却冷眼相向,最后在其他同学帮忙下才顺利登记完。可是,她对记者说:"我反要感谢她们,让我体会到尊重是多么重要。一周的值勤,我学会了与人交往、与人为善。"

坚持"学生第一"的理念,必须以生为本,把学生的发展放在首位,让学生成为学习、生活的主人,学会自我管理,实现自我管理。让学生学会自我管理,是从学生长远发展的角度,意在唤醒学生的自我意识和责任意识,学会对自己、对未来负责。

记者采访德育处主任刘老师,他说了一件亲身经历的事。有一位曾经表现不是很好的学生,在值勤时却极其负责。第一天值勤时,由于岗位职责不是很清楚,他把别班的请假条收了回来。事后,他非常不好意思地说:"班长,对不起,我明天就不会去其他班收请假条了,现在我就把请假条退回去。"他的转变,是一种最珍贵的感动与收获。

值勤评比活动,让学生产生了一种责任感,真切地感受到自己是学校的主人翁;同时,也认识到自己在许多方面还存在着不足,需要加强自我管理。一位学生在每周的执勤总结上说:"周值勤很辛苦,但既锻炼了自己,也从他人身上学到许多长处,从小事做起,从细处做起,养成自己良好的行为习惯。"

六个环节

2011年3月27日上午,我走进泉州市广播电台直播间,将近30万的市民收听或在线观看了学校德育工作经验的视频直播《校长访谈:我的成长记录》。其中之一是介绍晋江一中的课间操。

课间操是学生每天必须参加的一项体育活动,是学生紧张学习之中的一种积极性休息,同时也是校园体育文化建设的重要内容和综合反映。晋江一中一直把课间操列为全校性德育活动的重要项目,有机贯穿情感教育。每年的校运会列入必赛项目,作为道德风尚奖和团体总分奖的重要一项。2009年秋季,学校着手改革,在三套全国中学生广播体操"舞动青春"的基础上,不断丰富和创新课间操的活动内容与形式,做操流程实现电脑自动化全程控制。目前主要包括以下六个环节:7分钟排队进场、1分钟站军姿、4分半做操、30秒嘹亮口号、4分钟跑操、点评退场,而每个环节,都由学生组织实施和评价。

做课间操前,先进行1分钟的站军姿,课间操后踏步呼口号。课间操的1分钟站军姿,能够训练出严明的纪律、干练的作风、坚强的品格,培养学生自信、坚定、向上的素质,形成优质的校风校纪。与静止军姿有异曲同工之妙的是 30 秒踏步呼口号,"仰望星空,脚踏实地""五项管理,争创第一"等简明有力的口号,不仅能让学生享受锻炼的快乐,还能使学生在气壮山河的集体活动中感受集体的力量,集体呼号还助于加强团队意识、调节情绪、强化自信心,具有很强的震撼力、感染力和凝聚力。

紧接着是跑操。在采访期间,泉州市广播电台直播间视频直播晋江一中跑操情景,场面宏大壮观。下面是主持人与我的一段对话:

主持人:什么是跑操?

我:跑操是学生依据课间操队形,利用队与队之间的空间进行头尾来回小跑,有音乐伴奏。

主持人:你认为跑操有什么意义?

我:跑操是一项精神运动。在紧张的中学生活状态下,学生锻炼的时间很有限,学习紧张,势必会使大脑处于紧张的状态。跑操起到放松神经的作用,紧张的学习后得到放松,实现劳逸结合,调节神经系统。跑操是文化活动,也是团队展示。跑操在班级文化建设上来说,表现了一个班级的精神状态,在一定程度上反映了班集体的配合与凝聚力,学生会受到集体主义教育,树立以班级为荣的意识,也锻炼了学生的组织能力和管理能力。

泉州市广播电台的视频直播,引起了强烈的反响,一位网友说:"没想到在商品经济发达的晋江,竟然有一所学校如此重视学生的道德品质,如此用心地在思考如何做好教育。"

他能去哪里呢?

在晋江一中采访期间,记者在生管处郑老师的陪同下,参观了学生宿舍。只见窗户明亮,地板清洁,卫生间干净,仿佛走进整洁的军营,生活用品摆放成"一个方块三条线":被子叠成一方块,鞋子摆成一条线,牙杯牙刷一条线,毛巾悬挂一条线。

郑老师向记者介绍:"一中的学生宿舍实行准军事化的学生自主管理,成立了学生宿舍自主管理委员会,实行楼长、层长、舍长级层负责制。楼长由学校的生导老师担任,层长和舍长从学生当中选拔。每间宿舍设立舍长一名,负责本宿舍的卫生、治安等事宜,对本舍成员负责;每楼层设层长一名,负责本楼层的各项事务,对本楼层的宿舍成员负责;楼长负责一栋宿舍楼的卫生、治安、文化建设等事宜,对整栋楼的宿舍成员负责。"这样权责明确的层级管理体系,充分调动了学生自我管理的积极性和主动性,给予学生足够的自我管理空间。

郑老师向记者诉说了这样一个故事:每晚 10 时,各宿舍的学生要在各自宿舍门口集合排队,由学生舍长核实到宿名单,并简要总结一天的宿舍生活。

有一天,男生宿舍的一名学生不见了,他可是从来不缺席不迟到的。舍长问在场的同学,谁见过他? 大家都摇着头。舍长当机立断,报告生管老师和班主任。那么,他能去哪里呢? 这时,同学急了,有的说要不要报告校长? 有的说要不要打电话给家长? 舍长说:先找找看,不要轻易惊动家长。

这时,生管组的老师来了,班主任也赶来了。

"会不会到其他男生宿舍找同学了?"有个学生说。

"不可能,各个宿舍刚点完名,他应该知道回宿舍的。"生管组老师说。

"对啦,问班长! 班长在哪一宿?"有个学生建议说。

生管组老师朝楼上奔去,她知道班长住在哪一间、哪个铺位。

很快有了消息:这个男生晚自修请假,提前半个小时到心理咨询室。

果然是虚惊一场。

教育的本质,是塑造健全的人格、良好的品格,培养规范的行为和良好的习惯,这就要求从小事做起,从自己做起,做一个对家庭、对社会有益的人。晋江一中正是立足于这样的认识,加强学生自我管理能力的培养,引导他们领悟做人的真谛。

二、会学习:学习高质量

❀ 学习,是叩问

在晋江一中校园里,许多老师还记得苏华山同学的故事:他,初中毕业于一所农村学校,2006 年中考成绩 7A2B,语文、数学、英语总分 362 分,是晋江一中的择校补录生(按:当时国家允许实施择校政策),差一点进不了晋江一中,在那一届被称为"最后一个进校门的学生"。有一回,化学科老师找他谈话:"你的问题问得太少了,要知道,学贵有疑,小疑则小进,大疑则大进。"他省悟了,学会了提出问题,思考问题。三年后的高考,读理科的他考了 546 分,考进了福建警察学院,成了大批"低进中出"同学的典型代表。对于这个成绩,他高兴地说:"在一中三年,我学会了提问,学会了思考。"

传统的教学方法,是让学生在教师讲授知识中去了解知识,掌握知识。新课程的实施,改变了一中人的教育理念。2006 年春季,学校提出了"倡导问题教学,构建生态课堂,提高教学有效性"的教学策略,把教学的着眼点放在教会学生提出问题和学会思考之上。培养学生主动学习,说到底是引导学生善于质疑,勇于析疑,敢于解疑。

记者采访期间,遇上了历史科张老师,他向我们展示了一本历史笔记本,这是他的学生卓言铃送给老师的。这是一本与众不同的历史笔记本,这不是课堂笔记,也不是作业本子,而是一本读书笔记。历史学科知识庞杂,需要构建知识体系。在许多人的眼里,哪个学校的老师没有给学生一个现成的知识网络,哪一本教辅没有给读者一个现成的知识图解?但是,卓言玲用自己的眼睛去读书,用自己的头脑去思考,用自己的笔头去整理。她毕业于晋江石圳华侨中学,2007 年中考入学成绩是 8A1B,语文、数学英语总分 397 分,刚好压上了晋江一中中招上线分;三年后的高考考入了一所重点大学,实现了"中进高出"。张老师告诉记者:"读书是需要方法的。这本读书笔记的背后,是学生的独立思考、勤于思考和善于思考。"

"低进中出,中进高出,高进优出"已经成为晋江一中的教学目标。"三进三出",关键是让学生主动叩问知识,学会质疑,学会解疑,培养一种探索问题的意识和能力,这是一种优秀的思维品质。

会学习,重要的是培养学生的思维品质、学习方法和行为习惯。晋江一中在追求"三进三出"的教学目标时,学生主动学习,积极进取,具有一定的自学能力、探索问题的意识,形成符合自己个性特点的学习方法,进一步培养了创新精神和实践能力。

像农民那样守望

2010 年 11 月 24 日河北沧州市《黄骅报》报道:晋江一中杨少芬老师到黄骅中学开高中化学示范课。杨老师是应苏教版高中化学教材副主编王云生老师邀请前往开课的。这节课的课题是:影响反应速率的因素。杨老师采用问题教学,设置一个难度适当的问题:"请设计实验证明高锰酸钾与草酸反应速率的影响因素(浓度、温度、催化剂)",从多种角度引导学生探究,既不重复必修课内容,又跟选修课衔接,进行实验创新,把原课本的四个实验合并到一起,提高课堂教学效率,得到与会专家与一线教师的高度评价。

长期以来,晋江一中倡导问题教学。教师备课备"问题",说课说"问题",上课上"问题"。问题教学的精髓是探究,让学生参与教学过程,培养学生的探究精神和能力。晋江一中鼓励学生开展课堂争论、上台实际操作等方式,让学生充分体会知识发生、发展的过程及其规律。虽然让学生参与教学过程必然具有很大的不确定性,但这正是新课程所追求的,在不确定性的过程中去感知、去理解、去感悟。

2010 年 4 月底,初一年数学教师陈志谦参加福建省说课比赛,说课题目是《画轴对称》。他先进的教学理念、丰富的教学内容和生动的教学方法,征服了评委,荣获省一等奖。打开说课稿,竟有 12 个问题。问题连接教材,连接生活,连接学生,连接教师。在教师引导下,学生在问题中思考,知识在问题中内化,情感在问题中升华。他在说课中如是说:"李淑芬老人剪纸献给北京奥运,展示我国民间传统的剪纸艺术魅力,说明我中华文明的源远流长,而这一切又同数学紧密相连,说明数学来源于生活,是艺术创作的源泉。"生态课堂的认知与情感的互动,才能有效地促进学生潜能的发挥与道德的养成。陈老师对记者说:"我的课堂教学,用问题把知识呈现在学生面前,让学生在问题中探究知识,提升能力,培养学生热爱生活、热爱科学的人生观和价值观。"

2007 年,苏锦明老师参加福建省教育厅校长新课程实验征文,《师生携手共建和谐的生态课堂》一文获得省二等奖。文章说:"教育是一个生命过程,是一个生长的过程,而不是加工、制造的过程。教育要像农民那样需要信任、宽容和耐心,需要养护、过程和守望。"生态课堂,是师生人生中一段重要的生命历程,是师生生命重要的组成部分。只有从生命的角度来审视课堂,关注学生认知与情感,才能让课堂焕发出生机活力。

石鼓山上有个"讲坛"

晋江一中位于城关石鼓山上。2010 年 9 月 15 日,学校召开《石鼓讲坛》创刊 5 周年出刊 100 期纪念座谈会。《石鼓讲坛》这棵嫩芽,从诞生的那一天起,就与一中的课改相伴随,与一中教师共成长。它不仅是专家讲坛,更是大众讲坛,是教师共同成长的精神家园,成为校园一道文化风景线。

坚持教育以学生为本,首先必须更新教师观念,提高业务素养。《石鼓讲坛》从 2005 年秋季创刊以来,开展讲座 150 多场,出刊 150 多期,50 万字,有 300 多位教师走上讲坛,交流典型经验,由听众变为主讲,提高教师专业素质,为培育名师奠定基础。2009 年 12 月 9 日,福建省校本教研工作研讨会在东山县召开。校长陈燎原参加会议,其《校本研究的实践与研究》一文被收入大会论文汇编。这篇文章主要介绍学校遵循"学生第一"办学理念,以《石鼓讲坛》为平台,抓实校本培训;倡导主题式听评课,扎实教研过程;创新教研工作制度,落实教研保障,进行校本教研的做法和经验,取得了丰硕的成果。2008 年 7 月 22 日,人民教育出版社于辽宁省沈阳市举办生物教学大型研讨会,晋江一中生物教师邹军老师应邀作课程改革的典型经验介绍。如今,晋江一中不少教师走上《石鼓讲坛》,走出校门,走向全省,走向全国,成为专家型的教师。

2008 年秋,晋江一中校领导班子重新定位学校的育人目标和发展方向,提出了"学生第一"的办学理念,以此申报泉州市教育科研"十一五"课题"坚持'学生第一'办学理念的实践与研究"。围绕"学生第一"这一核心理念,全体教职工结合自己的工作岗位和角色定位确立了 20 个子课题,从党支部到中层处室,从教研组到备课组,都承担了专题的研究任务,形成了一个有序的全校性三级课题管理研究系统:校长是课题总负责人,负责指导和调控;处室主任负责子课题,开展全校性问题的研究;教研组进行学科性的教学研究。

2010 年 4 月 20 日,泉州市教科所对该校课题"坚持'学生第一'办学理念的实践与研究"进行中期验收,给予高度评价:晋江一中坚持"学生第一"办学理念,并以此作为研究目标,在实践中研究,在研究中实践,很有特色。这需要有一个研究的教师群体,一个研究管理机制,而《石鼓讲坛》集研究、实践和培训于一身,是一个亮点,搭建了一个厚实的研究载体,形成了一种优秀文化制度。

正如张有力副校长在《我的教育梦想》一文中所说的:"我梦想有这样一个教师团队:师德高尚,胸怀理想,充满激情和诗意;勤于学习,理念先进,追求卓越,不断创新。"晋江一中教师就是这样一支团队,撑起课程改革的一片蓝天。

三、会生活：生活高品位

❈ 六张卡片

在晋江一中学生成长记录袋里，都存放六张卡片：优点单、阅读卡、劳动卡、社团证、创新卡和健身卡。有的学生还附有图书馆阅读、参加义务劳动和参加社团活动的照片。

实施学生成长记录袋，让每一位学生都留下成长的足迹，使每一位学生都获得进步的自信。学生一进校，就规划三年学校生活，制定人生奋斗目标。孙雅明同学在班级建立学生成长记录袋经验交流会上动情地说："每当把一件件压缩的成长往事装入袋中，我的心里便充满了热望；每当翻阅这份称得上厚重的成长史时，我的眼中便溢满了幸福。"

就说阅读卡吧。记者走进图书综合楼，进入阅览大厅，深深地被那宽敞的空间、大气的布局和济济一堂的学生读书场面震撼。学生阅览室共400个座位，每天至少有1000人次阅读。学校开展阅读护照认证读书活动，学生人手一册《阅读护照》，指定一批经典名著和拓展阅读篇目，对学生的阅读情况进行综合测评，授予不同等级的称号。2009年5月4日举行的晋江市纪念五四运动90周年青年集会上，举行晋江一中文化丛书第一辑13名学生个人文学作品《石鼓韵》专集首发仪式，该书共25万字，现已经汇编两个专集，目前正在筹备出版第三个专集。

一所喜欢阅读经典的学校是奋发上进的学校，一个喜欢阅读经典的学生是品位高尚的学生。在林婧婷同学的成长记录袋里，她满怀深情地描述了自己参加文学社活动的时光："在我成长的路上，必定会有这样一些完全属于我们的物件，将点点滴滴的时光完整承载。我的成长记录袋，便是我用成长中的记忆精神构筑的小小王国。厚厚的奖状，是王国里的城堡，每一座都有它的独特内涵；优秀的作品，是王国花园里的小径，每一段都铭记着我永不停歇的步伐；优点单上的暖心话语，是澄澈天空中飘浮的七彩气球，每一颗都填充满满的爱与幸福……"

五卡活动的实施，为学生创造展示自我的舞台，让学生获取丰富的知识和精神养分，收获成功，收获快乐，收获幸福。

"我们是相亲相爱的一家人"

2010 年 5 月 7 日晚上,晋江一中科学报告厅高二年心理情景剧演出结束后,负责心理健康协会和剧务工作的学生,像往常一样留下来整理舞台,打扫会场,并合影留念。这时,在《我们是相亲相爱的一家人》音乐声中,大家放声歌唱,以这种独特的方法,庆贺演出的成功。接着,心理健康协会第二届会长陈克智同学讲话:"为了演出,这两天中午、傍晚,大家都是啃着面包,喝着矿泉水,抓紧时间作准备工作,很辛苦,尝到了酸甜苦辣,但心里很高兴,因为我们收获了成长。"说着,他流下了眼泪,大家流下了眼泪,指导教师也流下了眼泪,会场一片静寂,"此时无声胜有声"。慢慢地,他的语调变得很沉,语速变得很慢,话还没说完,他已经泪流满面了,在场的其他同学和指导教师也流下了眼泪。《我们是相亲相爱的一家人》乐曲声,轻轻地回荡在谢幕后的会场,透过一幕幕情景剧,学生学会了参与,不论成功还是失败,都提升了自我,超越了自我。

学校共有 52 个学生社团,心理健康协会只是其中一个。我们常常说:"有一种高贵叫文明,有一种财富叫素养。"学生在自己的人生起步阶段,需要科学的价值观的引领,需要走出课堂,走向实践,去获得知识的储备和能力的历练,去编织自己高品位的生活。

记者了解到,心理健康教育是晋江一中办学特色项目之一。早在 1999 年 3 月,晋江一中就接受福建省哲学社会科学规划领导小组办公室关于"福建省中小学心理教育体系的构建"研究课题的协作任务,建立起心理咨询室;2004 年 3 月,晋江一中被泉州市教育局确定为晋江市第一所心理健康教育实验学校。学校开展心理咨询活动,开设心理活动课,开发校本课程"幸福的方法",还开展学生朋辈心理辅导。2010 年 12 月 31 日中午 1 点,在体育馆的朋辈心理辅导室,心理健康协会举行了一场到晋江新侨中学朋辈心理辅导总结会。原来,第三届会长柯薇薇毕业于一所农村初中校,她了解到母校初三有不少同学存在一些心理问题,就利用星期六休息时间,邀约了十几个同学,自己备车,前往开展现场心理咨询活动,取得了很好的效果。总结会末,大家唱起了《我们是相亲相爱的一家人》。这首歌是心理健康协会的会歌。

会生活,追求生活的高品位,实质是对待生活的态度,不在于做什么,而在于怎么做:把真诚的情感倾注于日常生活中,就会体味生活的文明、幸福和美好。

用故事诠释生活

品位决定人生的定位,决定人生的品质。建设学校精神文化,提高学生的生活品位,内容丰富,形式多样,而文化故事是其中之一。走进晋江一中,你能感受到处处有故事、时时讲故事的文化氛围。

2011年1月24日,初一年召开家长会,没有校长的报告,没有老师的发言,只有学生演讲校园文化故事,讲述自己成长的动人历程。其中,初二年4班赖灵栅讲述了自己亲身经历的一件事:

跟往常一样,放学了,同学们陆续走进食堂用餐。到了餐厅,一股饭香飘入鼻里,我也迫不及待地端起餐盘,排队买菜。各个窗口前的人越来越多,队伍越拉越长,我只好耐心等待。

脚步慢慢地靠前,快到窗口了,我的心里感到一阵轻松。忽然,看到旁边窗口一个女生点完菜,一掏口袋,发现校园卡不见了,摸摸其他口袋,还是没有找到。这下子,她急了,餐厅服务员瞪着眼睛向她要钱,后面排队的同学急着要向前,怎么办?站在我前面的一位学姐也看到了这一幕,她走了上去。

"先用这个吧。"学姐把自己的校园卡递给她,轻轻地说。

"这怎么行?"丢了卡的女生迟疑了,觉得这样做似乎有什么不好。

"先用吧,如果不行,还可以还给我。"

"谢谢你!"这位女生这才高兴地接过校园卡,刷了卡,结了账。

在故事的述说中,学生赖灵栅说:"什么是不简单?把每一件简单的事做好就是不简单;什么是不平凡?能把每一件平凡的事做好就是不平凡。学生在简单而平凡的生活中,创造了生活的不简单和不平凡。"

生活的高品位形成来自后天的习得,来自成长的环境和教育的背景。讲述动人的校园文化故事,就是一种文化的熏陶,一种精神的洗礼,一种品位的构建。在晋江一中,家长会上讲故事,升国旗仪式上讲故事,教师例会上讲故事,学生班会上讲故事,课堂教学上讲故事。写文化故事,讲文化故事,用心去寻找生活的亮点,用情去点燃生命的火花,用智慧去撰写人生的高品位。

2011年3月13日,教育部全国教师教育信息化专家委员会委员、上海师大教育技术系黎加厚教授到晋江一中举办"故事教育学与数字故事"专题讲座。在他的倡导和推动下,信息技术与文化故事有机地结合起来。他说:"晋江一中的文化故事对中国教育做出了很大的贡献。"

教育是一项宏大而长远的工程,教育梦想犹如这项工程的规划蓝图,是对学校发展和人才培养的一种设想。有什么样的梦想与蓝图,就有什么样的学校与教育。创造一个辉煌的教育,须有一个伟大的梦想。每一个教育工作者都应该努力树立一个伟大的教育梦想,并使之成为自己的一种信仰。没有这种信仰,教育就难以坚守,就会举步维艰。

一所好学校,理应是一方让教师教育梦想成长、绽放的圣地,又是一片引领学生人生梦树立、放飞的乐园。创办于 1952 年的晋江一中,在近 70 年的办学历程中,积淀了丰厚的人文底蕴,取得了可喜的办学成绩。古朴而淳厚的石鼓文化在这里传承,滋养了一代又一代的一中人,演绎出了五彩斑斓的教育梦想。如今,在"学生第一"办学理念旗帜的指引下,一中人的梦想,焕发着奇异的新光彩,照亮了不断发展的晋江教育。

第五节　以文化故事滋养生命成长

一、渊源

文化故事,根植于中国文化、文学悠久的故事化传统。

什么是能与受教育者最容易契合的点?我们认为是故事,这缘于它是牢牢扎根于中国深厚文化土壤里的讲故事的文学艺术传统。故事是中国文化的重要组成部分,有着最为长久的文化渊源,从先秦古籍如《山海经》《左传》《吕氏春秋》,汉代的《史记》《汉书》,唐代的传奇,到宋代"勾栏瓦肆"的说书艺人,故事文化的传承培育了中国特色的故事艺术传统。故事传统的文化精神的集中体现是寓教于乐。中国故事植根于儒家文化传统,又吸收了佛教传奇故事的精髓,贯穿了劝诫教化的理念,始终弘扬惩恶扬善的精神,根本上也是一种对和谐的社会结构和伦理关系的向往。这也是我们构建当代社会主义精神文明及和谐社会需要传承的文化传统。

（一）文化故事,符合晋江的地域文化特征

晋江,是一座历史文化名城,唐开元六年（718 年）始建晋江县,为历代州治、府治首邑。晋江人才辈出,是全国 18 个千人进士县（市）之一。著名政治家曾公亮、欧阳詹，军事家俞大猷、施琅，哲学家蔡清、陈琛，文学家王慎中，书法家张瑞图等，都在此留下了丰富的历史文化积淀。晋江是闽南乡土文化集中体现的区域之一，文化积淀深厚，包含了宗教文化、民间信仰、海洋文化乃至现代企业品牌文化等诸多内涵。晋江有故事文化衍生的丰厚土壤，众多的民间故事在坊间流传。讲故事、听故事的文化传统，丰富的历史资源、名人故事、百姓日常生活中的点点滴滴，蕴藏着极为丰富的故事资源，这也是我们打造校园文化故事的坚实根基。

（二）文化故事，扎根本校办学理念

晋江一中有着悠久的办学历史。一代代一中人用自己的生命故事诠释校训"诚严勤毅"的内涵，积淀了丰厚的人文底蕴。办学理念，是学校的灵魂，2009年，学校提出"学生第一"的办学理念，其基本含义是：我是第一中学学生，一中以学生为首位，一中学生追求卓越，一中学生素质优秀。宣传和树立办学理念，是一个长期的过程，要渗透到教育教学中，渗入师生的言行举止中，产生强大的生命力。什么样的形式才能有效地诠释办学理念的内涵，让办学理念深入人心？学校经过几年探索实践，终于进一步明确了德育定位、创新了德育手段，这就是校园文化故事。文化故事不仅创新了德育形式，而且内容丰富多彩，在实践中产生了吸引力和感染力。文化故事巧妙地把办学理念融于情节，师生喜爱听、记得牢。文化故事以生动的情节、感人的表述展示丰富内涵、揭示深刻主题，实现办学理念走进师生生活、入心入脑。

二、成效

（一）德育情感化

教育要动之以情，喻之以理，导之以行。文化故事就发生在校园里、课堂上，发生在你我的身边，是那样的熟悉，又是那样的亲切。文化故事，因为亲切，给人以感动；因为感动，给人以激励。文化故事，因为真实，给人以思考；因为思考，给人以引导。教育不能一味苦口婆心地说教，而要把真正的教育意图适当隐藏起来，以学生喜欢的文化故事跟他们进行情感的交流和沟通。文化故事走进内心世界：在讲述中聆听，在聆听中讲述，走进师生的心灵深处，用一个灵魂去唤醒另一个灵魂。

（二）实践体验化

文化故事的撰写讲述过程是一个德育体验过程。任何一个人，都是一个完整、独特的生命个体，有着明显的差异性。由于生活环境不同、思想水平不同、思维方式不同和成长过程不同，每个人对认知接受和情感感受往往具有一定的差别。文化故事就是最好的体验方式，任何一个文化故事的撰写，都必然与师生过去的个人经历和将来的个人生活经历联系起来。

（三）课堂生态化

课堂教学是师生人生中一段重要的生命历程。课堂上讲述故事，是生命对生命的召唤、生命对生命的关照，这样的故事丰富生命内涵，滋润生命品质，提升生命境界。文化故事为课堂提供了形象的教学情境，让学生体验生活、升华情感。学生在学习文本知识的同时，得到精神的熏陶，在情境中培养正确的人生观、价值观与世界观。师生在平凡的日子演绎的一个个动人故事，也可以成为课堂的教学资源，以扩大学生的知识视野，提升学生的情感能力。

（四）思维辩证化

文化故事改变思维视角：在故事的情景中，去感悟，去体验，得出自己的理性结论，从而开启新的人生脚步。不管是教师还是学生讲述文化故事，都必然会联系曾经的生活经历，可以正确理解现在的生活经验，并拓宽或加深未来的生活经验。讲述者可以更好地审视过去，洞察现在，把握未来。好的故事同样能够让倾听者重新审视自己，放远目光，跨越他们原有的理念，去打开崭新生活的一扇门窗。

（五）校园和谐化

文化故事生动有趣、富含哲理，利于解开心结、解释疑团。讲故事是最简便的具有凝聚力的工具。校园文化故事融入了优秀的思想道德、文明的生活风尚，蕴含着爱岗敬业、尊老爱幼等丰富内容，有利于师生正确了解学校的历史传统，有利于全体师生形成共同的文化观念、价值观念、生活观念等意识形态，有利于推动良好校风、教风、学风、班风的形成，更有利于校园人际关系的协调。推行校园文化故事，实际上就是挖掘校园中平凡的闪光点，让师生们学会感动，学会感恩，共同奏响和谐之曲。

参考文献

[1]习近平在中国共产党第十九次全国代表大会上的报告[EB/OL].
(2017-12-03)[2020-11-15].http://www.qstheory.cn/llqikan/2017-12/03/
c_1122049424.htm.

[2]国家中长期教育改革和发展规划纲要(2010—2020 年)[Z].国家中
长期教育改革和发展规划纲要工作小组办公室,2010-07-29.

[3]夏征农,陈至立.辞海[M].6 版.上海:上海辞书出版社,2010.

[4]中国大百科全书总编委会.中国大百科全书[M].北京:中国大百科
全书出版社,2009.

[5]中共中央马克思、恩格斯、列宁、斯大林著作编译局.马克思恩格斯
选集[M].北京:人民出版社,1995:56.

[6]罗肇鸿,王怀宁,刘庆芳,等.资本主义大辞典[M].北京:人民出版
社,1995:852.

[7]苏霍姆林斯基.怎样培养真正的人[M].北京:教育科学出版社,
2006.

[8]爱因斯坦.爱因斯坦文集[M].北京:商务印书馆,1979.

[9]刘黎明.教育学视阈中的人:基于马克思主义人学的思考[M].北
京:科学出版社,2010.

[10]石中英.教育哲学[M].北京:北京师范大学出版社,2007.

[11]杨伯峻.论语译注[M].北京:中华书局,2009.

[12]张觉.荀子译注[M].上海:上海古籍出版社,1995.

[13]黄瑞云.老子本原[M].北京:人民文学出版社,1995.

[14]傅佩荣.解读老子[M].上海:上海三联书店,2010.

[15]吴树平,赖长扬.白话四书五经:第四卷[M].北京:国际文化出版
公司,1992:442

［16］袁行霈.中国文学史［M］.北京:高等教育出版社,2014.

［17］曹则贤.一念非凡:科学巨擘是怎样炼成的［M］.北京:外语教学与研究出版社,2016.

［18］约翰·杜威.学校与社会·明日之学校［M］.北京:人民教育出版社,2005.

［19］艾里希·弗洛姆.健全的社会［M］.北京:人民文学出版社,2018.

［20］卡尔·R.罗杰斯.个人形成论［M］.北京:中国人民大学出版社,2004.

［21］史蒂芬·柯维.高效能人士的七个习惯［M］.北京:中国青年出版社,2011.

［22］斯塔弗尔比姆,等.评估模型［M］.北京:北京大学出版社,2007.

［23］第斯多惠.德国教师培养指南［M］.北京:人民教育出版社,2001.

［24］弗兰克·梯利.西方哲学史［M］.北京:光明日报出版社,2014.

［25］李希贵.学生第一［M］.北京:教育科学出版社,2011.

［26］张焱.一个灵魂唤醒另一个灵魂［N］.光明日报,2017-06-12(8)

［27］徐蓝,朱汉国.普通高中历史课程标准(2017年版)解读［M］.北京:高等教育出版社,2018.

［28］戴加平.好课三要素:故事、学法、灵魂——"一节好的历史课"标准之我见［J］.历史教学,2014(21):65.

［29］中国第一历史档案馆.康熙起居注:第二册［M］.北京:中华书局,1984:67-69.

［30］陈波.高中历史学生问题素养培养策略［J］.考试与评价,2018(12):112.

［31］马克垚.世界文明史［M］.北京:北京大学出版社,2004:169.

［32］金卓.论实践的意义维度［J］.广西社会科学,2012(11):49.

［33］约斯德·穆尔.有限性的悲剧:狄尔泰的生命释义学［M］.上海:上海三联书店,2016:247.

［34］刘力.画龙点睛:朝圣者、守望者、使命者［N］.中国教育报,2016-07-20(3).

［35］齐玉波.中共晋江市第十三届代表大会昨日开幕 全力打造国际化创新型品质城市［EB/OL］.(2016-07-29)［2020-11-13］.http://www.ijjnews.com/zt/system/2016/07/29/010960766.shtml.